CHINA BEST HOMESTAY

中国好民宿

LIJIANG·丽江

明朗评宿编辑部 著

中国民族文化出版社

北京

图书在版编目（CIP）数据

中国好民宿·丽江 / 明朗评宿编辑部著. —北京：中国民族文化出版社有限公司，2020.9

ISBN 978-7-5122-1385-2

Ⅰ. ①中⋯　Ⅱ. ①明⋯　Ⅲ. ①旅馆—介绍—丽江　Ⅳ. ① F726.92

中国版本图书馆 CIP 数据核字（2020）第 161465 号

中国好民宿·丽江

作　　者	明朗评宿编辑部
策划编辑	郑　毅
责任编辑	郑　毅
责任校对	李文学
出 版 者	中国民族文化出版社　地　　址：北京市东城区和平里北街 14 号 邮　编：100013　联系电话：010-84250639　64211754（传真）
印　　装	雅迪云印（天津）科技有限公司
开　　本	787mm×1092mm　16 开
印　　张	19.25
字　　数	218 千
版　　次	2020 年 9 月第 1 版第 1 次印刷
标准书号	ISBN 978-7-5122-1385-2
定　　价	88.00 元

版权所有　侵权必究

序一

难忘民宿带来的差异化体验

我喜欢民宿,是因为它带给我截然不同的差异化体验。在我住过的民宿中,有的沉浸在山脚下溪水边,让人在自然怀抱和云雾缭绕中感受那份宁静;有的散落在乡间村落周边,旅人可以感受周围的稻田和水塘,闲暇之余在村子里走走看看村民的日常生活,在夜晚的灯光下坐在水塘边,倾听不远处稻田里的蛙鸣声;有的民宿置身在都市的弄堂与市井的胡同中,行人与你擦肩而过,邻里之间用方言打着招呼,这是民宿的环境、场域和人带给我的体验。

我 20 年前去伦敦看到 Conran shop 设计店时被深深吸引,后来得知创办 Conran shop 的老板 Terence Conran 在伦敦东区经营了一家 Boundary London 酒店,我想方设法去看了一看,这是一个在老厂房基础上改造的酒店,每一个房间都有不同的主题。我选择了以"包豪斯"命名的房间,里面全是密斯·凡德罗设计的家具,墙上挂着他画的草图,书架上都是关于"包豪斯"设计的书籍。去米兰时,我在提前预定好的 10 Corso Como 的 3 rooms 酒店住了一晚,如同它的名字,酒店只有三个房间,从室内装饰、家具、色彩感受设计师的独特匠心的同时,目睹了 Carla Sozzani(意大利版 *Vogue* 杂志主编)创办的集设计、艺术、时尚和美食于一身的"小院理想王国"。我认为这是另一种意义上的民宿,带有斑驳记忆的老房子,极致的个性和专业视角带来的特别感受,它带给我的是时尚体验。

我曾经以艺术家的身份在巴黎艺术城待过几个月,国内的艺术家朋友来看我时,我强烈要求他们一起去巴黎郊区瓦兹河畔的奥维尔小镇(Auvers-sur-Oise),重温凡·高在生命最后一段时间走过的路,看麦田里的乌鸦群和油画中的教堂,带着敬畏之心在凡·高和弟弟提奥的墓前送上一束花。当我们住进小镇里一对老人经营的民宿时已是下午,倾斜的橙色阳光透过高大的板栗树洒在米黄色的建筑和绿色的草坪上,我似乎看到了印象派画家们在涅瓦河畔画画的身影,这是民宿带给我的寻找艺术的时空之旅,那里的一草一木、空气和阳光都成为民宿的一部分。

我无法评说哪家民宿好或不好，他们从不同环境，在不同地域，以不同主题带给我截然不同的体验，我想这是民宿区别于连锁酒店的最大不同，也代表着民宿主人的审美取向。作为设计师，我也有过做民宿的冲动，那是想输出自己对空间和美学理解的一种方式，我冲动的另一个原因是对世外桃源般的生活环境的向往和对现有工作的逃避，当我无法躲避现有工作时，民宿的理想也便化为乌有，不像老聂想做就做了。

我和聂剑平是30多年的朋友，也是曾经的邻居，连我们的工作室也只有一个水池相隔，他的经历让他有做民宿的情结，并且他对自己要做的事总能找到十足的理由，他做事认真、雷厉风行、说干就干，这些年我俩离开深圳各自忙碌，偶尔我请他来中国美院讲课，他也是来去匆匆。最近得知老聂在推动发起"中国好民宿"的评选和建立"非标准住宿评价体系"，我觉得挺有意思，在日趋盛行的民宿倡导的生活方式下，对民宿的价值提出思考，在体验经济的时代越来越强调个性化、差异化感受的今天，民宿正好顺应这种趋势被更多人所接受。传统酒店的规模化、标准化就像我们城市化进程中让所有的城市都长成了一个样子，一觉醒来甚至怀疑自己是不是在异国他乡。"明朗评宿"中提到"自然、人文、设计、硬件、服务、餐饮、独特"七个方面作为参照，我个人看重前三项和最后一项，因为更具创造性。当然，没有硬件、服务和餐饮，民宿也根本不能称为民宿。

祝愿老聂越做越好，期待中国好民宿诞生。

毕学峰
中国美术学院教授，设计艺术学院院长
国际平面设计联盟（AGI）会员
2020年4月于杭州

（本书序言按照题序者姓氏笔画排序）

序二

民宿，是基于当地文化生态深挖掘、再开发成长起来的体验式旅游业态，是旅馆、宾馆等住宿场所的软文化包装与升华。这种民宿，以营造"家"的温馨感觉和体现当地文化为特点，集文化体验与家庭式住宿为一体，不仅解决旅行者住宿这种初级问题，更为注重的是对入住者文化与艺术的感受力的熏陶和培养，根本上是对当地传统文化的弘扬，是民宿主人对文化传播与传承的人文情怀与担当。老聂，无疑是这一民宿文化生态的践行者，他更是中国民宿早期发展的拓荒者与探路者。

与老聂的相识，缘于我的摄影。当时，老聂看上了我的作品并收藏，我们因此认识。在不同的领域里，有着相同的情怀，我们互相赏识，成为好朋友，我也进而关注他的民宿事业。

城里的房子只能买来住，我们无法按自己的想法和文化品位建造房屋，家具大多没有地域文化特点和品位，仅仅满足基本居住功能的需要。

民宿将中国传统乡土文化立体化，让来者立体化地感知当地文化。这种感知胜于枯燥的讲述，文化以艺术为载体的立体化呈现，既有文化底蕴又有艺术气质，空气中、俯仰间、尽显民宿的独特。

体验是民宿的终极，吃当地的饮食，住当地的民居，体验当地的生活习俗，呼吸着弥漫于空气中的艺术气息，领略当地文化的独特魅力，乡土乡愁在不失现代中穿越时空，这也正是每一个人努力寻找的精神归宿点。

做民宿是有风险，有牺牲的，某种程度上，也是值得的。毕竟，这类民宿，就是将当地资源——房屋建筑、生态环境、民俗风情等因素有效地重新整合、挖掘，传播着地域文化。

"明朗评宿"，一个推动中国民宿良性健康发展的平台，一个发现更多值得推广的民宿的平台，致力于发掘出"好"民宿和有个性文化追求的人。这样一个平台，在老聂的操盘下应运而生：鼓励中国年轻人，有情怀的人，做好中国的民宿，做大、做深有情怀的事业。

李泛
知名摄影家，"泛象"品牌创始人
陕西师范大学教授
民盟中央美术院陕西分院副院长
2020年4月

序三

共享改变生活

　　进入 21 世纪，中国的社会生活面临着重大改变。全球化和信息化促使人的流动和信息的交换进入空前活跃的阶段，人们的生活更加丰富，更加多元化。

　　我们从来也没有这样富足地拥有信息，足不出户就能知天下大事、小事；我们也从来没有这么活跃，我们的家人、朋友、邻居和同事中，每年每季都会有很多人在国内外旅行，用脚步、眼睛和相机记录优美、新奇、质朴或者静好的种种，并且在社交平台上分享他们的踪迹。

　　渐渐地，民宿也成了寻访的对象，兼具出世和入世的双重特质，可以由人们自行切换。隐，能躲进小舍，欣赏小园之美、斗室之趣，享宅男宅女读书、沉思、发呆之乐。显，则发起话题，频贴照片视频，发布点评，引一众朋友点赞、留言、讨论之喧。

　　共享改变了生活的节奏，共享催生了民宿的发展。从建筑学的意义上来说，今天的民宿，已经超出了以前乡村度假小旅馆的范畴，它是一种新的建筑打开方式：依靠信息化平台和个人移动终端，把过去属于少数人能经历的个性化空间体验，变成了可以检索、寻访、共享的资源，促成了一种新的建筑活动，也变成了一种文化和经济共生的模式。

　　在我看来，民宿与传统酒店最大的区别在于"个、小、分、共"四个字。个性化（Novelty）区别于大酒店（特别是连锁酒店）的标准化；小型化（Small Size）区别于规模效益；分散式（Decentral）布局融入城市普通空间肌理；共享（Sharing）平台、服务供给和城市乡村自然人文环境。正因为如此，其评价标准就比较复杂。今天，"明朗评宿"开启了"中国好民宿"的系列工作，从丽江开始，以"自然、人文、设计、硬件、服务、餐饮、独特"七项指标为导向，讲述民宿主人的人生经历和探索美好生活的方式，这是非常有趣的事情。民宿当然是一种产业，但也很可能是这样的情形：民宿主人梦想建构一个力所能及的美好空间，要借助他人的帮助来实现。他人就是游客，回报就是与主人共享住宿的体验。

我对民宿了解不多，对丽江也知之甚少。多年以前，应同济大学建筑系81级老同学明朗先生之邀，去江西参观了他一手创建的知名民宿案例，深受感动，印象美好。之后，也有过一些零星的民宿体验。也邀请明朗先生回学院参加校友论坛，做关于民宿设计创新的专业报告。但是我对民宿的发展是关注的，也是充满欣喜与期待的。民宿对于大拆大建的城市发展模式，是一种反思；民宿对于城市更新的进程，是一种承担；民宿对于千篇一律的商品住宅，是一种启示；民宿对于以效率为导向的设计理念，是一种对比；民宿对于高效率、规模化的经营模式，是一种定制；民宿对于客群中各色各样的个体，是一种共享。因此，明朗先生今天提出的建立和完善"非标准住宿评价体系"，是非常有意义的。其实这不只是对于民宿，对于各种各样的建筑，对于我们的城市，何尝不是需要更多的"非标准"的评价体系呢？

目前，全球还处在全面防疫的努力中。中国的民宿在过去的几个月里面对着从未承受过的困难。我们希望，危机过去之后，会迎来新的发展机遇。我们也希望，好民宿能带给我们值得共享的场景、体验和生活。

李振宇
同济大学建筑与城市规划学院院长，教授
中国建筑学会建筑策划分会副主任委员，上海市建筑学会副理事长
2020年4月25日于上海

序四

致敬"明朗评宿"

记得我第一次接触民宿是在2001年的秋天,在英国刚刚考过"雅思"的四个小伙子,一起驾车往北开,到了英国北端尼斯湖畔一个不知名的小村庄,我们敲开了一家B&B(英国民宿)的大门。时隔近二十年,我依然清晰地记得,一位美丽的年轻母亲怀抱着一个未满周岁的小娃娃,满脸微笑着迎接我们。进入那幢只有她自己经营的,装饰着各种乡间野花的B&B,我们被纯真与自然、安逸与平和的气氛洗礼了。那是一个散发着浓郁的英国田园芬芳、干净整洁并充满生活气息的家。

我们到达时已接近傍晚,由于村庄很小,餐厅不多,营业的时间也很短,所以我们没有办理入住就决定先出去吃晚餐。这位美丽的女主人十分自然地递给我一串钥匙,她说,她带孩子睡得早,让我们回来的时候一定要锁好门。当时我诧异地问:"您就这么把钥匙给我们了?"她微笑着反问道:"你们会回来的,不是吗?"那一份淳朴、真诚、信任彻底震撼了我。如今想来,这也许就是传统酒店不能带给客人的最珍贵的东西吧。

当得知多年前结识的明朗先生要创建"明朗评宿体系",并邀请我为其著作写上几句话时,我首先感到十分荣幸,并向明朗先生所做的事情表示真诚的敬意!

传统酒店行业以标准化、规模化维护着其赖以生存的商业模式。但当生活在钢筋水泥丛林的都市人,试图远离都市的喧嚣,放松心灵,走近丛林、田野、山间、海边的时候,他们发现,再用传统酒店的标准去选择一家适合的民宿时,这个标准就失去了它以往的效力。而民宿经营者想向都市的客人们推荐自己精心打造的"家"时,也找不到双方共通的语境与标准。

"明朗评宿体系"的创建无论是对民宿的发展,还是对客人的消费引导都将起到巨大的积极作用,进而为中国民宿探索出更加清晰的道路。

在此,我祝愿"明朗评宿体系"取得成功!因为这在我看来不仅是一个商业品评体系的成功,更是对人们追求美好生活、热爱艺术、回归自然、珍视生命、提倡"真、善、美"的有力推动!

李浩江
世界小型精品酒店集团(SLH)旗下奢华酒店合作伙伴(LHP)大中华区合伙人
2020年4月

序五

世间何处不逢君？

"民宿"一词未见于中国古典文献，一般认为译自日语词汇"みんしゅく"，含义为利用闲置民宅，结合当地自然景观、风俗民情、文化艺术、经济形式等相关资源，主人参与接待，为游客提供食宿服务的小型旅居场所。其源头可追溯至20世纪60年代兴起于英国乡间的B&B（Bed and Breakfast）经营场所。有别于传统酒店宾馆之以设施奢华、餐饮精致为时尚，民宿让厌倦了喧嚣纷扰的"城里人"回归久违的闲适安宁，感受素朴的人际关系，获得难忘的生活体验。因而，民宿业很快流行到世界各地，成为一种新兴产业。

工业化、城市化是现代社会的必然进程，而排遣焦虑、纾缓压抑、找回自然、重返乡村也就成为生活在这个进程中的当下人的共同愿望。20世纪80年代，中国"农家乐"应运而生，一度成为"城里人"周末度假休闲的热门选择。农家乐一般是"夫妻老婆店"，优势在于经营成本低廉，消费价格便宜。但是作为农村家庭副业，农家乐缺少行业标准和服务规范，也没有更新升级的能力和意愿，随开随关，自生自灭，三十年来始终一副老面孔，日益丧失新鲜感和市场竞争力。近年来，随着"民宿"理念的引进，并与旅游资源和文化生态相融合，情势正在发生可喜的改观。具有鲜明中国特色的民宿业态悄然崛起，引人瞩目。

2016年暑期，我再度到云南进行民族音乐文化考察，经朋友介绍，入住丽江市一家新开业不久的民宿——玉龙县白沙镇玉湖村"墅家玉庐雪嵩院"。玉湖村又名"巫鲁肯"，是坐落在玉龙雪山南麓的一个纳西族村寨，有玉湖倒影、玉柱擎天等自然景观，还有美国探险家洛克（Joseph Charles Francis Rock，1884—1962）的故居。民宿占地面积很大，包括十几座各自独立的小院落，以及宽敞的公共绿地和广场。整体建筑采用纳西族传统民居风格和当地石料木材，简洁朴实，与外部环境融为一体。从"秋老虎"肆虐的江南一来到这里，真是满目清凉，心旷神怡。而走进房间，则是高端度假酒店的服务设施，洁净舒适，令人暗暗佩服经营者的匠心。

恰逢纳西族火把节。华灯初上，住客和村民们换上节日盛装，男女有别，长幼有序，陆续坐满了公共餐厅。村民大多是民宿的房东，有些还是员工。联谊活动开始，江南丝竹、苏州昆曲和纳西族歌舞轮番献演，博得阵阵掌声、喝彩声。大家长聂剑平先生照例叨着大烟斗，笑眯眯地跟每一位乡亲宾朋寒暄让座，很快消除了主客之间的生疏隔阂。我的好朋友、著名东巴文化学者和力民先生也闻讯赶来。回首当年相偕玉水寨拜访老东巴，三元村调查白沙细乐，往事历历，如在昨日。而转瞬十一载，当初精神矍铄的老东巴早已仙逝，吾辈也都垂垂老矣。应大家要求，和先生当场吟诵了东巴经文，悲慨凄凉，催人泪下，把我们带入纳西族的远古传说时代。

曲终人散，意犹未尽。广场中央燃起熊熊火堆，村民们围着火堆，忘情地跳起"咚罗丽"，直到深夜。和先生当夜就回丽江家中了，途中赋绝句一首相赠：

> 与周秦兄重逢感怀
>
> 十载光阴几许思，吴歈细乐总相宜。
>
> 但求天籁悠悠曲，流水高山绕玉池。

我回赠俚词一首答谢：

> 浣溪沙
>
> 玉湖村火把节重逢和力民先生盖别来十有一年矣
>
> 篝火轻烟缭碧云，马嘶鹊噪日黄昏。玉龙山下纳西村。
>
> 竹笛昆腔方起舞，芦笙细乐又重闻。世间何处不逢君？

感谢墅家玉庐雪嵩院，感谢纳西族父老乡亲，感谢聂剑平先生，把玉湖村打造成展示纳西文化的精美窗口，把民宿装点成文化交流的绚丽舞台。此时此夜，永世难忘。

2019年5月，我有幸出席在广南县举办的"原生态健康生活目的地民宿论坛暨中国好民宿评比启动仪式"。来自全国各地的民宿专家和从业人员二百余人应邀参加，各抒己见，畅所欲言。什么样的民宿才能称之为"好民宿"？换言之，如何制订"好民宿"的评比标准？最终出台的《明朗评宿——中国好民宿评比条例》厘定了七大要素：自然、人文、设计、硬件、服务、餐饮、独特。其中叨陪末座的"独特"绝非可有可无，相反，应理解其为诸多要素的基本原则或总纲领。物种的多样性和独特性是人类社会得以健康发展的重要依据。在全球经济一体化的背景下，如何防止文化的过快趋同，乃是当今一大世界性难题。中国民宿的健康成长,关键在于不断开发"独特"创意,时刻坚守"独特"理念,并将其贯彻落实到设计、建造、经营、管理的全过程,从而避免千篇一律、平庸雷同,永葆可持续发展的强健活力。在这方面,丽江具有得天独厚的环境优势和率先实践的宝贵经验,《中国好民宿·丽江》就是近年实践的成绩检阅和经验总结。

疫情即将消散,我期盼着暑假里邀约和力民先生和聂剑平先生,一书在手,按图索骥,遍访丽江二十家好民宿,领略"独特"的原生态健康生活。朋友,欢迎加入我们。

苏州大学文学院教授,博士研究生导师
中国昆剧古琴研究会副会长
江苏省文史研究馆馆员
2020年4月于苏州大学

序六

我喜欢住民宿，当然是好的民宿。为什么喜欢民宿呢？

首先是家的感觉。这种感觉不是现实中的家，而是穿越时空的家，是把对童年的回忆、家乡的怀念、理想中的住房，结合起来的家。

好的民宿，总能无意中触动人的眼、耳、鼻、舌、身、意。眼看到的，是足以让人宁神安心的满目风景风物；耳听到的，是足以让人舒怀畅气的鸟语蛙鸣；鼻闻到的，是足以让人心醉神迷的花树芬芳；舌尝到的，是足以让人垂涎欲滴的美食佳肴；身感到的，是足以让人凡尘洗净的轻松如燕；意凝聚的，是足以让人挣脱烦恼的欢喜享受。好的民宿，让人深深眷恋于红尘，又在俯仰之间超脱红尘对于生命的羁绊。

遇到好的民宿，就像旅途中遇到高山流水的贵人，或者遇到红袖添香的知己，是可遇而不可求的事情。我们在苦苦寻觅中，常常于现实中丢盔弃甲，于幻想中固执己见。靠自己去叩响一家家民宿的门环，就像在万千女子中找到那位纤尘不染的玉女，实在是对自己的为难。

现在，有一帮人要做"明朗评宿"，通过七个非标准的标准，来告诉大家那些"玉女"到底在哪里，让你不费眉眼，就能够立刻进入"太虚幻境"。

其实我不知道他们的评宿是否靠谱，但我是个懒人，省去一些自己寻找的心思总是好的。至少到今天为止，凡是对于民宿熟悉的朋友介绍我去的民宿，还没有太让我失望过。

所以，我选择等待"明朗评宿"告诉我好的民宿，然后我一家一家消受去。

俞敏洪
新东方教育集团创始人、董事长
2020 年 4 月

序七

生活有时让人窒息，还好有民宿可以去透气

2012年6月间，我带着《新周刊》全体员工去台湾旅游兼采访，回来时带回了两个专题：一个是轰动两岸的《新周刊》的封面报道——《台湾，最美的风景是人》；一个是影响业界的旗下《香格里拉》的封面报道——《去台湾住民宿》。

那是我第一次住民宿，住的是宜兰壮围的张宅。

女主人热情健谈，带我骑车看海，又去老街吃"古早味"。在我惊奇她的院落审美大不同于普通农家时，女主人得意道："我家可是获过设计奖的建筑师的作品呢！"

那一刻，我明白，"民宿"两字的味道和质地已远远超出其汉字字面的平白：它绝不是自家的闲房，而是民宿主人审美、财力、经营理念以及人际尺度等修为沉淀下来的展示空间和分享空间。

张宅建在自家稻田边上，晚上蛙声一片。我就是在那蛙声中起念要去乡间盖个自己的院子，这念头也催生了我对"乡建"的持续关注，直至亲身在大理凤羽践行"软乡村、酷农业、融艺术、慢生活"的理念。

在我看来，民宿或可称作"时代趣味散落人间的珍珠"。大时代以城市高楼为车厢，轰隆隆疾驶，而大时代的边上，民宿则以包厢状态闲散游荡，踟蹰观望。虽都是"急之国"子民，但总有民宿为包厢，躲一躲且小小疗愈。

所以，"明朗评宿"发起"中国好民宿"评选，实在是城中"廉价航空乘客"的福利——一份"急之国"的疗愈清单，先慕名而选，再依价而选，再依趣而选，最后依心而选。

生活有时让人窒息，还好有民宿可以去透气。

封新城
《新周刊》创办人
退步堂主
2020年4月

前言

民宿里的中国

什么是中国人的理想生活？这个问题困扰了我二十年。

中国人的"出国梦"大约始于20世纪80年代。也许是禁锢了三十年，我们对外面的世界充满了好奇；也许是那时的中国太穷了，总是从难得获取的信息里羡慕着西方人的生活。

1996年，一次随机的澳洲旅行改变了我的生活。在那次旅行的最后一站——墨尔本，一个20世纪80年代末从上海移民澳洲的朋友带了移民律师来见我，这位律师哥们儿很能"忽悠"，一句话就打动了我。他说，澳洲是地球上最适于人类居住的国家，这里福利好、环境好、讲文明，没有饿死的穷人，没有工作可以领救济金，每生一个孩子政府会给补贴……

这么好的国家干吗不去？于是，我的"移民梦"也开始了。

转眼二十多年过去，不断往返于中澳两地，给航空公司贡献了上百万元的机票，我的生活却一直纠结着，且越来越纠结。

"好山好水好寂寞"，这句话是澳洲的精辟写照。的确，从物质上来讲，澳洲几乎家家住花园别墅，户户有小车，看病不花钱，上公立学校免费。不少澳洲人的身材都过于丰腴，大概是不用干活却衣食无忧所导致的。可是总觉得缺点什么……

我喜欢澳洲的宁静、舒适、整洁，也喜欢中国的热闹、随性、温馨、烟火味儿。可在澳洲，人太少；在中国，人太多。如果能把两者的好结合在一起，那也许就是我所梦想的理想生活。

于是，有了"墅家"，这个介于酒店与民宿之间，试图融合东西方生活的度假产品。

回到正题，聊聊民宿。

什么是民宿？

民宿的形式发源于被罗马帝国统治时期的英国，而"民宿（minshuku）"一词源自日本，指利用当地民居等相关闲置资源，经营用客房不超过四层，建筑面积不超过800平方米，主人参与接待，为游客提供体验当地自然、文化与生产、生活方式的小型住宿设施。

此定义完整诠释了民宿有别于旅馆或饭店的特质。民宿也许没有高级奢华的设施，但它能让人领略当地风情，感受民宿主人的热情与服务，体验有别于以往的生活。

但是到了中国，民宿的含义已经远远超出了这个定义所涵盖的范围。高速的城市化进程之后是不可避免的城市问题，人们开始怀念自然与乡村，民宿就在这样的背景之下仿佛一夜之间遍布中国的城市与边陲。

早期的"农家乐"是民宿的雏形，然而农民经济不够富裕，住宿条件综合水平低，远远不能满足城里人的需求。大量有情怀的城里人回到乡村开起了民宿，由于土地所有制的原因，他们只能以租赁的模式经营，这是中国特有的现象。因此，我们很难用关于民宿的精确定义来分辨中国民宿。

如何界定中国民宿呢？一句话概括，民宿是"非标"住宿产品。

总结中国式民宿的几个特征：体量小，单体民宿的房间十间左右，连锁民宿通常达到15～30间；地点一般在乡村、风景区或者旅游城市；多数民宿强调旅行中"家"的概念；大多民宿是租赁性质，而非自有住房……

民宿的精髓是什么？

从社会学角度看，民宿是当代中国人对美好生活的向往，具有"百花齐放、百家争鸣"的特质，是自由的思想、独立的精神的回归，是几千年来中国人追求个性的文化传承。

民宿在目前阶段风行中国，不是哪一个人发起的，是由当前的经济环境、巨大的市场需求、几千年的文化传统等影响下的综合产物。

如今中国人均GDP已经突破一万美元，人们对生活品质有了更高的要求。

之前国人的消费多数都是"跟风型"消费，大家为了赶时髦，抽一样的烟，唱一样的歌，穿一样的衣服，现在开始追求个性体验。从这个角度看，民宿就是最好的选择。

不过短短数年，全中国涌现了十万多家民宿，因为是"非标"住宿，没有标准，体验感更无法标准化，所以良莠不齐，也因为缺乏诚信，"民宿的坑"时常成为网络热点，如何选择合适的民宿成了大问题。

中国人对于美好生活的向往是无止境的，我们对好民宿的追求也同样如此，"高级""奢华""星级"，这些词在民宿面前都是片面的。

为什么我们评比民宿用了"好"字，而非星级评定或是金银铜奖？的确，"好"也是没有标准的，每个人对于"好"的定义是不一样的。回头看关于"好"的解释：好，本义是女子，美也，引申为善、优良、良好、优点多的、使人满意的、一切美好的事物。

民宿兴起的原因之一是因为中国人已经厌倦了传统酒店千篇一律的规范化服务，而民宿的"好"，是真，是善，是美，是独一无二，是超出传统酒店的温暖与感动。

每个人对民宿也都有着各自的诉求：有人追求大美的风景，有人钟爱地道的美食，有人享受温馨的服务，有人只为到"网红打卡点"拍照，有人冲着大师级的设计……只要能回馈给客人想要的美好体验，就是好民宿。

所以，归根结底，个性化的体验是住民宿的根本理由。

体验诉求的差异化导致我们无法用传统星级酒店的标准去粗暴地评定民宿，我们也在试图找到一个适合民宿本身的公平的评定方式来解决民宿的"选择性困难"。

所有的评定标准都需从客户体验入手，作为从业者，我们从多年客户的反馈中提炼出"中国好民宿"的七要素：自然、人文、设计、硬件、服务、餐饮、独特。每个人对于"好"的标准不同，是因为对民宿的兴趣点不同，而具体到每一个点上，"好"却是有共通的标准的，也可以制定出严格的参照体系。

我们集结各个领域的权威代表，组成"明朗评宿"专家评审团：有感性敏锐的艺术家，理性执着的建筑师，洞悉社会业态的企业创始人、CEO（首席执行官），深度参与行业发展的酒店及民宿运营者，也有旅行家、美食家、试睡员等文旅达人，考虑网络平台的评价及分数，从网络到实地、从感性到理性进行综合评比。

"明朗评宿"的宗旨就是公正、中立、理性、客观、多维度。

"明朗评宿"的民宿选择定位是：中高端民宿，把握情怀与商业的平衡，以独特的体验与服务的温度传递美好生活，兼具经济性与稳定性，在经营中保障自我成长。

"明朗名宿榜"和"中国好民宿"系列书籍是我们的结果呈现方式。

"明朗名宿榜"：自然、人文、设计、硬件、服务、餐饮、独特，我们对每一个元素进行评定，希望给出相对公正的结果与推荐。

"中国好民宿"系列图书：民宿主探索美好生活的故事；挖掘民宿的魅力，以分享传递美好；替民宿主发声，展现民宿人的梦想与现实、困境与未来；探问中国民宿的出路，寻望当代中国人的理想家园。

我们最后再回顾一下民宿的精髓，这也是"明朗评宿"的意义所在——

民宿是当代中国人对美好生活的向往，是自由的思想、独立的精神的回归，是几千年来中国人追求个性的文化传承。

"明朗评宿"希望通过多维度的评比，让每一次选择都不虚此行，尊重时间是我们敬畏生命的方式。

"百花齐放、百家争鸣"，五彩缤纷的美好生活就在我们眼前，让我们拥抱这个美好的时代，理想生活可以从中国民宿开始……

明朗

"明朗评宿"首席评审员

2020 年 3 月

目录

001　　对话"安隅":传统酒店人的突围之路

014　　对话"阿若康巴":茶马古道梦里的尼仓

028　　"阿多尼斯·朴心堂":这里的主人是松鼠

042　　"佖屋":探索者的丽江大本营

058　　"泊心云舍":心灵可以居住的地方

070　　"白马轻奢"自述:在古城里距离天空最近的地方

084　　"尔湾水奢":"网红"民宿打造指南

098　　"呼吸":雪山脚下的家

112　　"糊涂窝"自述:结束之后,开始之前

124　　"骏逸骑士会":雪山下的盛装舞步

134　　"漫随"在丽江

144	对话"诗莉莉":民宿品牌化商业模式的探索
154	"善哉善哉":陈哥和路姐的后半生
166	"墅家"自述:一个非专业建筑师的民宿梦
182	"松赞丽江林卡":"香巴拉"秘境的起点
198	"石洛克"自述:来一场"洛克式"的冒险吧!
210	"吾爱堂":吾所爱之堂
224	"吾莫·青庐":从储茶库到嵌入式文物酒店
238	"瓦蓝":最早的新丽江人与最初的梦想
250	"悦尚"的后勤部长与"向日葵"
262	"又一居":六亩天地任徘徊
274	对话"月隐":情怀之后的商业如何平衡?

ANYU

对话"安隅":
传统酒店人的突围之路

受访者简介：李彬，"安隅"创始人，曾是军人，十余年酒店投资与经营经历。

Q：从事民宿的契机与初衷是什么？

A：

我是一个酒店人，在家乡投资和经营酒店十几年，但我觉得我们的酒店温暖度不够，不是我想要的酒店的概念。我理想中的酒店的状态是，大家来到这里会有"他乡遇故知"的感触，离开了也会留恋。在中国的"四大喜事"里，能把"他乡遇故知"和"久旱逢甘露""金榜题名时""洞房花烛夜"这些生命中最重要的事情放在一起，说明我们中国人更在乎情感的归宿，这是我的出发点。

"安隅"从策划到第一家店开业，经历了三年多的时间，我们一直在思考，到底应该怎么定位它。

我不太喜欢民宿里工作人员与客人之间太随意的状态，我们定位的客人也不太习惯这样的方式，所以我们选择在酒店的基础上做更人性化的服务，我们似乎在"海底捞"找到了我们想要的东西。从民宿的角度来说，我们是一个专业的酒店，但从传统酒店的角度来说，我们是一个有温度的民宿。

对话"安隅":传统酒店人的突围之路

Q：丽江安隅酒店从选址到开业的过程中，"安隅"的理念是如何展现在店内的细节之中的？

A：

我们希望在最美的十个地方，都能有一所"安隅"，丽江和三亚一样，都是首选之地。丽江的美不仅是壮观的自然，也在于其文化的沉淀。我们选择大研古城，为客人营造身临其境的文化体验。从建筑而言，整体干净利落，色调简单，去繁从简，低调朴素。四个庭院虽然都是重建的，但保留着古城的建筑风格，是融入古城的一部分。丽江多民族文化融合的特点又给了"安隅"很大的发挥空间，我们从全球精选器物：铺地的红砖，线条古朴且有质感的民族风布饰，专门定制的家具和独一无二的摆件。既保留了中国古城的传统美，也融入了符合"安隅"的国际元素，我们希望"安隅"既"丽江"又有"国际范儿"，中国人和外国人都喜欢它。

"安隅"，意为身有一隅可安住，心有归属可安放。

"安隅"首先是一家酒店，所以一定要有该有的标准化，让客户在酒店有足够的安全感和舒适感。

非标住宿不太注重酒店的功能性，但是我们定位的住客已经习惯了一些传统酒店的标准化，他们需要在固定的地方找到想要的东西，我们要尊重这些生活习惯。除此之外，还有什么是安全感和舒适感的保障？是我们的床和床品、水龙头出水的声音和出水的压力、客人闻到的味道、听到的背景音乐，所有这些细节上的感受。

中央加氧系统、中央加湿系统、水暖空调都是为客人在高海拔、气候干燥的丽江有更好的舒适感而准备的。每一件客用品我们都精心选择，也准备了很多品牌的产品让客人自选，就连布草洗涤我们也选用德国进口的产品。

在做这些之前，并没有多少先例可供参考，客人的需求就是我们的出发点。我们是精品酒店，要比酒店更专业、更卫生、更细致，它会形成了一种整体的安全感。安全感就是客人的第一需求，打造足够的安全感就是我们的第一步。

但在服务上，我们要打造出一家热情适度又温暖的"民宿"，就必须要让客人有"他乡遇故知"的心动。

"安隅"坐落在美好且有文化韵味的地方，我们希望客人来到这一方山水时，感受着另一种人间烟火，也能在"安隅"的细节里找到生活。比如早餐，会被分成九小份，有我们从各种渠道寻找的小美食和好食材，还有精致的小餐具。我们在这个世界，生活好是我们活得幸福的最大基础，也是我们这一生需要学习的第一本领。如果客人在"安隅"品尝到好味道也想去做，闻到的香薰也很喜欢，听到的音乐就立刻去搜，看到一些装修的细节也想这么装，这就是我们要做的。虽然每个人不一样，但我们希望有更多的人能看到这些细节的用心并认可。

在服务上,我们希望有一点距离感,"安隅"的员工有统一的服装和专业的服务,更发自内心地把客人当朋友,但不是以坐在一起吃饭、喝酒、吸烟的方式。我们想把这个品牌做久做长,做成中国的住宿业的"海底捞"。我们需要有一个更好的服务方式,有规矩支撑,也可以很亲热,让客人在享受酒店该有的服务之外,能感受到在他乡真心所需要的温暖。

这些是我们展示态度的方式：

一群陌生人到了几千公里以外的酒店，看到桌上摆满了水果，或许会问这个水果我能吃吗？我们会告诉他可以免费随意吃，也有咖啡在旁边免费随便喝，全天候提供。我们是想告诉客人，你们来了这儿不用拘谨。

为什么要帮客人洗衣服？因为我们想要帮他解决所有问题，让他觉得这个酒店替他们想得很周全。我们洗衣房里的小妹都很专业，在专业的洗衣房培训过。洗衣不限件数，洗好、熨烫好后再送到客人房间。

房间里有一个行李包，装着防晒霜、遮阳伞、墨镜、充电宝、纸巾等物品，我们不仅考虑客人的住宿，还考虑他们的出行。

我们的宾客助理会给客人介绍游玩路线，给上山的客人备上巧克力，会针对客人的出行量提前准备泡脚盆和药包，也会给女客人提供面膜，给睡眠浅的客人提供蒸汽眼罩……

我们做设计的时候围绕着如何给客户带来更好的生活体验这一核心命题展开，出发点就是客人需要什么，我们只要力所能及就去做。

大家来到"安隅"都会觉得它不奢华，但是仔细一看，很奢华。我们的服务人员都穿着白色上衣和黑色裤子，很朴素。服务细节是品质提升的集成，服务对于生活有品质追求的旅行者，一切以看不见的奢华为标准。

这些都是藏在生活里面的点点滴滴的细节，安住之外，更有生活。打造"安隅"的时候有一个口号，叫"此处感动来处"，我们希望客人回到家能够跟朋友去分享这些快乐。当然，这也是最好的广告。

Q:"安隅"的目标是什么?经营现状如何?

A:

我们团队的目标是做中国最有温度的精品酒店,"安隅"的现状出乎我的意料,但也算在意料之中,呈现出来的舒适感、安全感、品质等都能达到我的预期,只是在团队管理上、制度上、流程上,默契度还需要加强。经营状况也达到了预期,我们的规模很小,不会赚很多钱。但每年我们也完成了销售目标,2020年虽然受到疫情的影响,但是我们的信心很足,因为我觉得产品定位没问题。

Q：运营中最重要的是什么？

A：

我觉得运营中最重要的是：一个相互认可度很高且稳定的团队。钱什么时候赚都可以，团队如果不在最初的一两年培养好，肯定走不远。如果觉得我们做的事情很简单，会对服务没有压力，也没有了一起努力做好一件事情的成就感，这是很可怕的一件事情。在我们这种传统服务行业，我们需要的人才不是"高精尖"而是对我们企业及同事有高度认同感的。

到今年（2020）年底，"安隅"将有6家店。今年开完待开的新店后会休整一年左右的时间，2022年再继续选址开店。因为今年的工程量很大，投资额也很大，但是最重要的原因还是团队人才的问题，人的成长速度和公司的成长速度是否匹配，到底谁适合什么样的位置，这是很关键的问题，也是我们现在正在努力解决的问题。

我的店几乎都是刚开业时客人很少，然后大家一起努力把它做好。每个人在过程当中创造了自己的价值，同时团队也有了凝聚力。以"安隅"到现在为止的成长速度，团队还是可以的，大家都希望我们的店可以更好，服务也越来越认真，都像自己家的店一样，达到了我的预期。

Q: 都说现在是行业的洗牌期,如何看待"安隅"与行业的未来?
A:
每年都会有人说今年生意不好做,也都会说拐点到了,我并不这么认为,毕竟有十几亿人为基数的需求市场,这么多人进入这个行业也肯定是因为有钱赚,这是一个事实。

对于整个行业而言,现在不是很困难的时候,只是不可能还像以前做事那么简单,大家都在调整战略。

自营民宿,以情感为纽带,经营成本底,他们的客户群体也会始终存在。一些投资型的中端民宿的竞争会越来越激烈。主人自己料理的小店也知道如何打造氛围、如何装修、如何运营。二者之间差异化会越来越小,投资却会随着竞争越来越大。如果找不到自己产品的个性恐怕会有危险。

民宿客栈产品更迭很快,六七年就要更迭一次,大家仍然用传统方式服务,却把重点放在装修和推广上。开始很有生命力,然后逐渐平淡,最后几年就只能用价格竞争,这就是问题。

精品酒店也是如此,以后精品酒店卖的肯定不是装修设计,这些都很容易解决,一个行业只要今年赚钱,明年就会有人带着大把的钱进入。所以,千万不要将民宿的核心投资点定为装修设计。我们做酒店是做服务的,不是卖设计的,设计装修在竞争里占比不能很高,更重要的是需要用心打造经营,也需要每个人看到不同的重点和独特的经营方式。

每年的竞争都很激烈,基本上也没有竞争不激烈的行业,问题是我们能不能将自己定位到一个准确的点上。就像大家都在海里,但是你的脚下却有块礁石让你站在上面,所以一定要把自己定位在这个礁石上,不能定位到深水里。

"安隅"和酒店不一样,我们很温暖、坦然,像家一样随意;跟民宿也不一样,我们有安全感,有超高星标准。在定位上,我们尽量做好自己的差异化。

对话"安隅":传统酒店人的突围之路

基本信息

店名:丽江安隅酒店·大研
房量:30 间
价格:RMB 760～1160 元
电话:0888-5321717
地址:古城区南门街依古巷 52 号

ARROKHAMPA
对话"阿若康巴":
茶马古道梦里的尼仓

受访者简介：扎巴格丹，"阿若康巴"创始人，藏族，出过家，留过洋，当过导游，精通藏语、汉语、英语、印地语、乌尔都语五种语言，能歌善舞，热心公益，喜欢户外旅行。

Q：从事民宿的契机与初衷是什么？

A：

我的父亲来自香格里拉，母亲来自西藏山南，我出生在印度，8岁出家，在寺庙里度过了7年的喇嘛生活。父亲曾是茶马古道的"腊都"（赶马人），到印度后，他无时无刻不在思念着遥远的故乡，我幼年时最大的乐趣就是每天晚上在昏暗的灯下听父亲讲述美丽的家乡和茶马古道的故事。父亲的乡愁是深刻的，他描绘的家乡有鲜花盛开的草原、洁白圣洁的雪山和健壮凶悍的牦牛，这些早在我的心里与梦里生根发芽。

1987年，父亲终于等到了可以回家的消息，那天他来寺庙问我："儿子，老爸要回家乡，你是否愿意一起去？"我当时没有一丝犹豫，激动地跟着父亲回家。一路历经艰难，我们花了足足100天的时间回到了日思夜想的故乡——香格里拉。香格里拉和父亲描述得一样美丽迷人。

那一年我16岁，因为不懂汉语，只好到当地的小学和一年级的小朋友们一起读书，菩萨保佑，一年以后，我可以用汉语与人交流了。1997年，从奥地利及美国留学归来后，我在香格里拉创立了一家生态旅游公司——康巴商道旅行社；2006年，创办了"香格里拉民族文化多样性传承与保护协会"，致力于民族文化的传承和保护。

2007年，为了亲身体验扎根在父亲心底的故事，我重走了地球上最高、最长且充满风险的商道——茶马古道。40多天的行程里，我深深地感受到父亲当年的艰苦卓绝，对常年奔走在茶马古道的先辈产生了浓浓的敬意。

　　我的心里萌发了创建"阿若康巴"的念头,建一所符合自己、符合传统马帮人理想的酒店——尽管马帮行走茶马古道的时代已经过去,但我希望每个来到此地的异乡人能有回到马帮时代的感受,体味到茶马古道时代的热情,找到劳顿之后舒适的歇息之地。

　　"阿若康巴"的意思是:来吧,朋友!马帮人常常用这句温暖的话语问候彼此,在沿途的尼仓(茶马古道上的驿站),奔波劳累的赶马人卸下厚重的行囊,在相互寒暄之后围坐在火塘边谈笑风生,把酒言欢。简短的一句话道出了马帮人重情重义、互帮互助的优良传统,这让他们得以在险峻的通商之道上克服种种困难,生存并发展。

　　"阿若康巴"的理念是敬畏祖先、敬畏自然、感恩、慈悲、不要忘记帮助别人。

Q：“庆云山庄”的核心特点是什么？

A：

"阿若康巴"的选址都在当地古城或是古城附近，在人与自然的和谐环境中，且符合茶马古道的尼仓文化，单店的投资不低于1000万。2014年，香格里拉"阿若康巴·南索达庄园"已建成4年，我在妻子的家乡丽江筹建"阿若康巴·庆云山庄"。

庆云村远离束河古镇中心的喧闹，与南索达庄园的庄严不同，庆云山庄有着纳西建筑的温婉与素雅，更像本地纳西族人的私宅。我们请了优秀的设计师，以采用典型的纳西"一进两院落"和"四合五天井"的设计，以木、石、瓦为主要原料，简单朴素，大量保留了自然的颜色和质地，内部建筑与装饰上，是纳西与藏式风格的集合。

"阿若康巴"不只是传统意义上的食宿酒店，还结合了茶马古道文化和藏文化元素，更注重在美的地方、美的文化中的体验感。

　　束河古镇曾经是茶马古道的重要驿站，这也是"阿若康巴"在此布点的原因。庆云村有一条很原始的茶马古道，是民国时期马帮最常选择建立尼仓的地方，他们在这里休整和贸易交流，这些大多没有被开发，至今仍保留着原始的面貌。所以在这里，"阿若康巴"开发了很多有关马帮故事的路线，如骑马、徒步七仙湖以及骑马、徒步茶马古道至普济寺等穿越密林的路线。

　　我们在"香格里拉民族文化多样性传承与保护协会"中设立"唐卡中心"，向贫困学生提供免费食宿和学习机会，让他们系统学习唐卡绘画等藏文化以及藏语、汉语和英语三种语言。此外，为藏族妇女提供手工艺培训，将她们的作品进行展示和推销，既给她们增加收入，也促进了藏族传统手工艺文化的传承和保护。"阿若康巴"的客人们也可以一起体验唐卡绘画和手工艺。"庆云山庄"的文化中心展示着唐卡和藏族妇女的手工作品，也有老师带领体验唐卡绘画。

　　生命瑜伽是传自3000年前的密宗呼吸瑜伽，主要以调节呼吸为主，通过练习调理五脏六腑，在海拔偏高的地区练习更事半功倍。我有缘分认识了根嘎老师，并参加了课程，通过学习考试，终于获得了助教资格证，拥有了传授课程要领给别人的能力，于是"阿若康巴"开设了瑜伽课程，希望通过我们的微薄之力传播更多的健康能量。

　　我们希望将高原的纯真、豁达、善爱、神秘融入民宿，成为一座"为自己写诗和歌唱"的远方的家，让每个来到此地的异乡人了解不同族群的文化，体会美丽的山水，且有一个舒适的歇息之地。怀着对父辈的敬仰，秉承着对茶马古道马帮文化的继承和延续，做成了"阿若康巴精品民宿"及一系列的茶马古道文化体验。我们即将开发"拉萨阿若康巴"，带您一路体验茶马古道的特色风情。

Q：同样是藏族文化体验，"阿若康巴"与"松赞"有何不同，最大的差别在哪里？

A：

白玛多吉老师的宣传做得比我好，资金也比我多，"松赞"的细节与员工培训也比"阿若康巴"做得更到位。但我也有我的优势，我大部分时间都在店里，客人喜欢和我交流，喜欢听我讲佛教文化，他们常常会非常入迷与感动，他们也喜欢和我一起跳舞和练瑜伽，只要和我在一起，客人再多的不满意、再多的烦恼都没有了。

Q：经营民宿给你的人生带来了怎样的改变？得到与失去了什么？有着怎样的快乐与痛苦？

A：

我并不认为经营民宿是一份工作，或许更像是一种修行，它让我走在一条每天能遇见不同的人、遇到不同的事儿、解决不同的困难、领悟不同的人生境遇、感恩不同的收获的修行之路上，让我变得更好。与客人之间交流学习、互相影响，有"老外"客人看到村里人穿着很破的鞋袜依然笑得灿烂，回国后告诉我，云南之行改变了他的人生观。

很多客人会因我而来，我有一半的时间都在店内，算是失去了一些自由，牺牲了自己原本用来打坐和瑜伽的时间。作为民宿主，也需要时间去学习思考、不断提高阅历，才可以更好地做产品，更智慧地传达自己的理念，更好地去合作与经营。

其实只做一家民宿是最快乐的，可以安下心来快乐幸福地做分享。两家店都要兼顾会牵扯许多精力，现实与梦想总是矛盾的。

最大的困惑是自己分身乏术，文化理念等如何在团队中很好地传达与传承。

最苦恼的是不赚钱，对管理系统方面不擅长是令我比较痛苦的，但因为喜欢民宿，会一直坚持下去。在得到与失去中，寻找人生的平衡点，学习舍与取。

Q：真正好的民宿有两类：首先是主人文化气场的单体民宿，第二是连锁民宿。后者虽然缺乏主人文化，但能把服务等细节做好。"阿若康巴"的目标是什么？

A：

作为我，希望传达茶马古道文化，希望人与人之间讲诚信、有信仰、友好、开心，这样我就可以更快乐地分享。如果可以，我希望能合作多家民宿，我还想在印度开店，这样人生就非常圆满了。

对话"阿若康巴":茶马古道梦里的尼仓

Q：如何看待"阿若康巴"及民宿行业的未来？

A：

2012 — 2015 年是做民宿最好的契机，民宿的数量不多，可以安心地打造我心目中的茶马古道栖息地。

从 2016 年下半年开始，随着民宿的火爆，竞争日益激烈，各种正规或不正规的操作渠道也随之而来，民宿的商业模式发生了质的变化，多数客人对民宿的要求变成既要有五星级酒店的舒适度，又要有民宿的温度。民宿的运营成本越来越高，整个行业走向了下坡路，"阿若康巴"面临着艰难的挑战。但这是市场发展的必然规律。

"阿若康巴"原本打算在 2020 年大展身手。为了打开国外市场，我们花了一大笔营销费用，接待了许多营销公司、俱乐部等旅游组织者，制作了网站和宣传册，效果显著，仅春季就有超过 20 个国外团队订单，一直到 4 月份的预定量都是乐观的。

疫情之中，两个民宿关门歇业，我们更陷入了越来越强烈的焦虑和恐慌之中。每天听到店长口中一个个团队取消订单的消息我都心痛不已，压力之大，前所未有。民宿淡旺季明显，对于香格里拉店而言，一年中真正盈利的仅有 6 个月，只能依靠春季的消费旺季实现一点利润以维持其他时间的开支，疫情一天比一天恐怖，订单都已取消，我们不仅要照常支付租金、人工费，还有货品库存的损失。

我们默默地掐着手指头过日子，期盼着疫情早些过去。但不管是怎样的结果，为了梦想，我愿尽我所能、倾我所有守护它，与之痛苦，与之快乐。

对话"阿若康巴":茶马古道梦里的尼仓

基本信息

店名：丽江阿若康巴庆云庄园
房量：16 间
价格：RMB 520 ～ 1280 元
电话：0888-5355551
地址：束河办事处龙泉社庆云村 11 号

ADONIS

"阿多尼斯·朴心堂":

这里的主人是松鼠

院子门口，"全院禁烟"比招牌还显眼，进院之后，工作人员还会告诉你房间里须禁食，因为这里是束河古镇里松鼠最多的院落，这里的主人是松鼠。

恰好遇见，在丽江

"阿多尼斯·朴心堂"，一天的选址与商谈，一个月的筹备和上线，过程很简单，机缘却很复杂，因为需要所有人的心路历程都水到渠成后又恰好遇见。

柏姐，新疆姑娘，在北京工作了13年的"有产阶级"，虽然总感觉生活缺失了什么，却也始终认为自己会"老死在北京"。2016年底，在无缘由的疲累中，她第一次独自出游到丽江，于是有了更多的独处和思考。现在回想，她常常疑惑当时的自己怎么会有那么大的负面情绪。

金森和今錞是大学同学。毕业后，金森做青旅，最早接触民宿。今錞长期在东南亚禅修游学，也时常在离丽江不远的玉溪与已经出家的妈妈禅修。金森到丽江后邀请了今錞，他们打理了一个8间房的小院子。两个大男孩保障着院子的运营和自己的基本生活，他们觉得自己有很多能量没有发挥出来，因为院子缺了女主人的温暖和细腻。

"阿多尼斯·朴心堂"：这里的主人是松鼠

"阿多尼斯"是一位新加坡的老先生给自己置办的用来养老的院子，因为每年住的日子很短，院子日渐衰颓。有人劝老先生将院子对外经营，很多品牌出了高价，却没有一家符合他的心意。老先生希望自己的院子还是"阿多尼斯"，"阿多尼斯"缺的是一个懂它的经营者。

在一家面馆的角落,柏姐偶遇今錞。柏姐预定又取消了的正是他们的客栈,今錞礼貌地邀请柏姐去店里喝茶。12月的丽江生意淡,三个年轻人聚了三四天,男孩们有新疆徒步的经历,姐姐就下厨做新疆大盘鸡,喝茶、聊天、吃饭,自然得像就应该会认识一样。

柏姐过完年又辞职回到了丽江。13年的职场生涯,条件反射般地首先考虑风险和代价,这一次她却未与金森和今錞深聊就做好了决定。她说,给自己一次机会,如果生活还是不如我所愿,那就不再矫情,回到原来的生活里便是。

三个人一拍脑袋,成了"铁三角"。金森最早进入住宿业,经验丰富且擅长网络经营。今錞因为禅修,在民宿里,有着"灵魂气质"。柏姐,善于快速判断、客观分析、解决问题,也有作为女性的细腻和周到。

他们与老先生和"阿多尼斯"都是萍水相逢,一天就达成共识。院子由三个年轻人经营,保留一栋完整的小院供老先生随时带着家人朋友居住,他们提供老先生住宿期间的一切服务。整理院落、修建景观、增加软装,一个月的时间,"阿多尼斯"上线了。

这次没有以商业模式开启,只是不羡过往,也不惧怕未来,跟着院子一起成长和发展。不是纯生活,也不是纯赚钱,可以做多大就做多大,哪怕只是在尝试的列表里删除了一个备选项也是一种收获。柏姐、金森、今錞,他们不是厌世的回归者,而是保持着激情,对生活进行更多可能性地尝试,探索着自己的能量场,也乐享其中。他们的实践就像一个可行性报告的实现过程。

丽江不仅是可以养老的,也是可以让年轻人发挥出自己潜力的。如今,"阿多尼斯"在"猫途鹰"排名前十。

所有都是当下正在发生着的事情,只是回头看,很美。2020年1月,柏姐和今錞领证结婚。

"阿多尼斯"：自然的馈赠

三个年轻人第一次进入院子时，老先生介绍说，这是"阿多尼斯"。"阿多尼斯"是古希腊神话中的美神和春季植物之神，永远年轻，是代表春天的植物的神灵。

背靠龙泉山，九鼎龙潭水从门前流过，整院竹林环绕，果树矗立其中，松鼠在枝头窜着。三个新主人都觉得，这个名字就该是这样的院落，哪怕后来风水先生说不好，他们没动一棵院子里的果树，保持着这份自然，让该发生的发生，也让该结果的结果。

"阿多尼斯"也以自然的名义馈赠给他们丰富的果实和有趣的田园生活。

每年6月中旬，是柏姐采摘青梅酿酒的季节，分拣、清洗、杀青、装进土缸，等待风雨光阴的转化，待浓浓烈酒转化出果味的清香，她会捧出一瓶一瓶，倒出一杯一杯，与客人分享。

"阿多尼斯·朴心堂"：这里的主人是松鼠

  她也会穿着民族服饰，以介绍纳西族及大理白族服装的由来和特色搭配开场，带领大家做鲜花饼。油面、水面、鲜花馅，称量、包馅、压模、透气、烤制，体验一回心灵手巧，感受一次视觉和味觉的绽放。桂花面包、冰糖海棠果、蔓越莓曲奇、精油护手霜、皮具和扎染……柏姐的手艺超出了院落之内的食与材。

  7月到9月是云南的雨季，白族的厨娘会带着大家去屋后的龙泉山采菌子，感受泥土的芬芳，看菌子破土而出，辨认毒菌和可食菌。菌子找得多，晚上就会有菌菇腊肉吃。吃饭的时候，她会在一旁告诉你，猪是自己养的，腊肉是自己亲手做的，客栈的大米是她自家种的，碗里的蔬菜也是院内自种的，没有农药化肥。饭吃到一半，总会生出一番感动。

  这是一个有四季的院落，李子、青梅、海棠、柠檬、老腊梅、金桂、玉兰、十里香在不同的季节绽放，整院的果树与古树相映成辉，也有许多低矮的花花草草，清新的薄荷、随风飘散的蒲公英。因为以果树为主，所以有了春发、夏长、秋收与冬藏。

"阿多尼斯·朴心堂":这里的主人是松鼠

  三栋双层别墅在纳西族四合院的基础上融入了东南亚建筑的空间感,大面积的玻璃和天窗,将每个房间的采光做到最优,也将空间无限延伸到室外。在房间内看大片绿地,看院落里的松鼠在果树枝头,看后院的竹林、菜地,或是整个龙泉山。

  清晨,当第一缕光洒进来,松鼠已经在窗外的果树枝上窜着,你看它的时候,它也在打探着你,如果你的房间里有什么好吃的,它会找个时间来,一声招呼也不打,全部运走。

"朴心堂"：朴素之心，安住回眸

常有客人问"阿多尼斯"的意思，不是每个人都能理解一个西方神话的精髓，"朴心堂"是三个年轻人取的名字，因为喜欢这里的人，一定也保有或追求一颗素朴之心。"阿多尼斯"和"朴心堂"，西方的自然与美，东方的朴素之心，殊途同归。在"朴心堂"修心的，有客人、义工，还有他们自己。

禅修是"朴心堂"的核心。每周末，后院静谧的禅房里，今鐏会开设禅修分享课。曾出家多年的他，还俗后致力于将禅修融入生活。"生活禅"是今鐏传承的核心，通过禅修的训练，加强对心的认知，看清情绪和烦恼的本质，做自己内心的主人，获得安住当下的力量，提高生活品质。

有一间永远不对外开放的客房是义工专属。青春洋溢的年轻人常在大厅里忙碌着各自的喜好，或音乐或画画或手工。面对客人的他们带着与人真诚交往的初心，少了程式化的对答，传递着各自对生活美好的理解。他们也在这里寻找着自己的心之所向。

"朴心堂"为义工们提供着寻找心之所向的空间。开民宿不是喝茶、读书、赏花，民宿生活是浇地、浇粪、扫院子。青梅酒的制作神秘而极富仪式感，但穿得美美的坐在院子里酿酒之前，需要爬在树上摘一整天梅子后再清洗通宵。所有美好的背后都有艰辛，有人会更加珍惜自己之前的生活，有的人离开了又回来。

任何人来到"朴心堂"，都是一场修心之旅。玉湖村火山石筑成的石墙，泰国的雕像静静地依靠在草地上，老物件带着古老的年轮，老木散发着质朴的香气，有生活的必要用品，却没有有线电视。门外的滚滚红尘都与这里无关，古木成群、群山环绕、春华秋实、夏长冬藏、蓝天澄澈、白云悠闲，瑜伽或禅修，这片天地治愈了不少"狂躁症"。

"阿多尼斯·朴心堂"：这里的主人是松鼠

　　对于三个年轻的主人而言，曾经的绝境与酒场已不在当下的认知里，但也没有达到每天喝茶、晒太阳的财力，他们希望既能让自己舒服，也能有一点儿小压力去做事情，享受协作时彼此心照不宣的认可。

　　每天与人打交道，操心着吃喝拉撒和生活用品，如何平衡好自己的一颗心？经营民宿是如此，大部分来客的生活也是如此，日复一日，相同又不同。这里的禅修是分享，也是他们自己的修行。

　　心的自由，是一辈子的功课。在自然的、朴素的环境之中，把欲望放到最低，找到自己的最佳状态，或许才会明白自己真正在意什么、喜欢什么、想做什么。

基本信息

店名：阿多尼斯·朴心堂山居民宿

房量：16 间

价格：RMB 358 ～ 680 元

电话：0888-5167666

地址：束河古镇仁里村二组三号

"阿多尼斯·朴心堂"：这里的主人是松鼠

掌柜心语

　　我们是一群普通人，在生命长河里选择了另一种生活的尝试。很多人说做民宿是终极理想，我们理解的民宿生活就是一种简单生活，既不避世，也不是退休，也需要勇气和放弃。如今，越来越多的人进入民宿行业，但在庞大的体量压力下，总有人发现理想和现实的差异。我们想说，生活真的是要你看清它的本质后，还学习热爱它，用自己的方式打造现实庄园。如果想感受民宿生活，请来小住或者做义工，不着急做决定，先探索一种生命的可能。

——柏姐

THEBRVOU
"佁屋":
探索者的丽江大本营

有一群人，内心里始终住着真正的探索者

  在束河古镇的闹市之中，隐藏着一片田园菜地围裹着的院落，自然而又低调。它是外国人眼里的"网红"，在"猫途鹰 2019 旅行者之选——中国区域十大小型酒店"榜单里，连续 7 年位列"旅行者推荐"前三名，在 Booking、Agoda、Expedia、携程等旅行预订平台也常年保持高分。

  "伙屋"背后是否有一位经验丰富的主理人？然而经理 Hwee Ling，大家叫她慧玲姐，在从事住宿行业之前只是一位新加坡的高中老师。"伙屋"的起源，来自一场背包旅行。以下为慧玲自述：

  2009 年，我（慧玲）和挚友 Shin（周易昕）一起相约在云南背包旅游。我们相约在虎跳峡入口碰面，与另一位朋友徒步穿越了美丽的虎跳峡高路，望着缓缓从玉龙雪山背后落下的夕阳，仿佛又回到了过去在东南亚、欧洲、美洲背包旅游的时光。

  旅行的后半段，我们走进了束河古镇菜园旁边的两个纳西族院落，大家十分自然地萌发了一个想法，要创造一个旅行者可以聚会、分享趣事、完全打开心胸，探索自然和当地文化的去处。这个地方会很舒适，并且不论来者是老是幼、在何方工作、从事何种职业，只要他内心里住着一个真正的探索者，就会喜爱的地方。

慧玲和易昕这两位创始人，一位是高中老师，一位是设计师。他们既体验超五星级度假酒店，也不排斥背包客的青年旅社，然而前者旅行体验的深度不够，后者则舒适度欠佳。虽然没有可参考的商业模式，但他们梦想着打造出一个心目中的"理想居所"。在当时，"民宿"这个概念还鲜有人知。

慧玲和易昕在自己的朋友圈发起了项目倡议。经过了三年的筹备和建造，"佖屋"在2011年底带着16间客房正式对外。"佖屋"由"Bivou"音译而来，"佖"从"必"音，有充盈的意思。而"Bivou"则源于法语及瑞士德语中的"Bivouac"，意为临时搭起的居所；又有"bijou"——"珠宝"之意。

"佖屋"的初心，是给喜欢自然、喜欢户外、喜欢冒险的探索者提供一个丽江大本营，从这里出发了解最原汁原味的丽江。

老屋，菜园，花园

从束河古镇中心拐进巷道里，依然能看到被纳西族居民悉心照料的菜园，"佖屋"就是这样面向着一片葱郁的菜园，背离着古镇的热闹。

作为设计师的易昕爱上的是两个百年老宅，慧玲看上了房前屋后的菜园子。他们是高中同学，多年的相处时光让易昕更加了解各自想要表达的理念，作为老师的慧玲也善于将自己的想法潜移默化在"佖屋"的每个角落。

易昕保留了两个院落的原始建筑结构和外形，只在庭院和内部进行创作和变更，尊重原始民宅的基础上融合现代人的居住需求。

纳西族造房子时会把捣碎的麦秆拌在泥巴里砌成建筑外墙，有非常好的保暖性能。房子最初的主人修建的木质大门，朝向南方，是得到好运的象征。屋顶上的瓦猫，用大嘴吞下好运，赶跑想要靠近的恶魔，瓦猫成为了"佖屋"的标志。

不管是咖啡厅还是后院别墅的木梁都在一个多世纪的岁月里挂上了自然的深色包浆。一些客房的大小由于对原有建筑结构的保护而受到了限制，于是有了另辟蹊径后奇异的空间结构。墙上挂的是从本地市场上收购来的常用农具，三三两两地随意摆放成了别致的展品。

对于慧玲来说，保护这些古老的木梁木柱、砖砖瓦瓦的纳西族建筑元素是一种责任。易昕的创意不仅保留了古老的建筑，还将"舒适、现代与传统"结合，让它们在发展的潮流中持续发挥作用，延续生命。

"伱屋"：探索者的丽江大本营

每个房间都能欣赏到花园的别致景色，两个花园捕捉了云南自然和农业景色的灵魂，有着慧玲的洒脱与精致。

田景院里，各类蔬菜兀自按照自己喜欢的姿势生长着，毛毛虫在树上自由地爬着，大家也不去打扰它们。杂乱的植物里井然有序地插着中英双语的解说牌，每每路过西餐中常用的香草，总能想到大厨从菜园随手薅下一把，然后走进洒满阳光的厨房里，撒在准备好的披萨饼上、送进烤箱的场景。

花园院里，慧玲种了丽江当地特有的花草和水果，园中的景色随季节变幻，透过玻璃窗映入客房。清晨被院子里的鸟叫声唤醒后，推开门常见松鼠在枝头窜来窜去。

"佖屋"：探索者的丽江大本营

　　慧玲是环保主义的践行者，长期与各环保组织保持互动，除了两个花园，公共区域的书柜里收藏着很多有关自然主题的书籍，她希望客人可以偶尔翻阅，感受自然、爱护自然。

　　享受舒适的同时也能近距离接触当地文化，"佖屋"本身也在丰富着旅行体验，探索者们不会因为在房间里停留就失去了遇见丽江秀美景色的机会，"佖屋"也是探索丽江的一部分。

从"佖屋"再出发

找一个小镇住下来,每天生火做饭,跟镇上的老人们一起晒太阳聊天,这样的旅行梦想,只需来到"佖屋",从"佖屋"再出发。

"佖屋"的客房欢迎信是厚厚的一叠,有手绘地图、旅行指南、行程册、明信片和邮政提示,书柜里的三五本书也是旅行攻略书籍,连物品的包装说明也诉说着旅途的辛苦与欢乐。

牙刷:就算把所有的时间都花在路上,也没有借口失去迷人的笑容。
剃须刀:也许现在是时候剃除你在路上的日子里荣获的胡茬了。
浴擦:用这特别的丝瓜瓢来轻轻洗尽你旅途中的污垢吧。
护理套装:在探险中短暂休息一下吧,用这款高品质护理套装宠爱一下自己。
肥皂:用这个滋养皮肤的手工皂洗去你最近一次探险中沾染的灰尘吧。
梳子:你已经不在山里了,是时候处理一下那蓬风中的乱发了。
针线包:有时,一缕针线伴长路。

"铋屋"：探索者的丽江大本营

作为旅行者，慧玲懂得安全舒适的庇护所能给一天的旅途疲累带来安慰，所以酒店必须舒适，一切都是为了养精蓄锐，从这里出发，走得更远，看得更多。"佖屋"前厅里的小黑板上写满了关于当日旅行的提示。

清晨，在古镇还未醒来的时候，跟着店里的小伙伴来一场束河晨走，看看一日之初的丽江。从束河骑行到白沙，一路向着玉龙雪山的方向前进，看游客渐渐稀少，看纳西族人牵着马、背着竹篓走在路上。爬上聚宝山，一览束河古镇的全貌，群山环绕、古木葱郁、街巷井然，一眼看尽……

"佖屋"有一份独有的手绘旅游地图，涵盖丽江各种优质旅游线路，这份被当地旅游局"点赞"的地图的所有销售收入，都捐给了当地的扶持项目。

对实力派探险者，"佖屋"有另一套线路：哈巴雪山 6 日徒步，梅里换线 4 日行……这里有尼西藏族手工黑陶工艺、茨中教堂原始的葡萄酒酿造技艺、同乐傈僳族民俗等滇西北少数民族的风情体验。

走出去体验，是慧玲作为背包客体验文化的方式，但是她并不坚持单一感受文化的方式，一切都是为了丰富体验，就该不拘一格。

"佖屋"为温馨的 DIY 手工作坊和精彩聚会提供了大量的公共空间，写东巴文、制作纳西族吉祥物瓦猫、感受香道，所有人都乐于分享他们自己的经验与故事。

慧玲的目标是，让"佖屋"不只是一家酒店，更是旅行者路途中的一座殿堂与一片绿洲。

"必屋"：探索者的丽江大本营

053

客人不是上帝而是朋友

"佖屋"开业时赶上了丽江客栈行业的发展期,但刚开业的时候却很少有客人光顾。慧玲曾经做过一件"傻事",将旅行住宿平台上别家客人的好评做成一个表格,然后再分享给店里的小伙伴。

常常出外旅行的慧玲知道客人真正需要什么,所有的细节都为了一场没有遗憾的旅行。所以,当客人现金被盗取,她全额赔偿、房费全免,获得了客人的长篇好评,这名客人后来又多次入住,还将"佖屋"推荐给了朋友。

"佖屋"的七八成客人是外国人,每一位员工都能说上一口流利的英语,就连打扫客房的阿姨见到再次入住的客人也会热情地来上一句纳西味儿的"Long time no see"。

工作满三年的员工就可以享受"新加坡之旅"的公司福利。旅途中,那些曾经的客人成了主人,像远方的老友一样招待他们,此时,他们终于了解慧玲姐说的"客人不是上帝而是朋友"的意义。

旅行之后,记忆里留下的不是具体的景点,而是带有温度的人,这是民宿本来的样子,虽然慧玲说,房子不是自己的,"佖屋"称不上民宿,最初和始终都是一家精品酒店。

"佖屋",就是这样,一个简简单单的朋友的家。

掌柜心语

梦想与现实

梦想是精品酒店的"灵魂"。如果没有梦想,小型酒店之间将无法相互区分,因为业主的梦想为酒店赋予了愿景、目标和价值观,而这些反过来又能够帮助酒店制定正确的指导方案和独特的运营方式,使一家公司不仅能够处理日常事务、突发事件,而且对未来有所规划。

我认为,梦想是被现实凸显出来的,两者并不相互排斥,而是相互竞争的。在过去几年中,我看到的一个相当不良的趋势是梦想和现实之间的脱节。脱离了梦想,很多酒店,尤其是那些把自己外包给"专业酒店管理公司"的酒店,最终关注的仅仅是快速盈利,而很少把注意力放在其他方面。

对于中国精品酒店业来说,这是一个非常危险的趋势,因为这个行业才刚刚起步,并试图找到自己的方向。如今,每家精品酒店都在"教育消费者",即使他们只是作为单独的酒店或企业在经营。如果他们不能在精品酒店与其他类型酒店对比的过程中,为消费者提供正确或良好的印象,整个精品酒店行业将输给其他酒店业者,如五星级豪华品牌或廉价连锁酒店,因为它们提供了更高的性价比。

机遇与挑战

不断变化的旅行者趋势和需求比以往任何时候都更加多样化,旅行者不再满足于目前的两种主要模式:便宜的快捷酒店和昂贵的五星级酒店。然而,那些专注于自由行的旅行者研究如何出行的可靠途径比较有限,主要通过浏览旅游论坛、评论网站等,由于资本和利润的驱动,他们也渐渐认为这些渠道没有以前客观了。

一些品牌,包括在过去5年里成功驾驭了精品酒店潮流的新兴连锁酒店,已经变得自私自利、资本驱动,或者对"设计"的关注超过了任何东西。这导致了许多旅行经验丰富的中国消费者的不满,他们能够将国内精品酒店与日本、澳大利亚、英国等国家的成功的精品酒店进行比较。许多中国精品酒店仍然缺乏所需的"深度"和"优雅",然而他们的收费比普通酒店高出很多,这对市场上现有的和新的参与者来说是一个挑战,也是一个机遇。

"90后""00后"的年轻员工在个性和梦想上与前代人大不相同,他们往往把酒店工作当成一种不同于传统办公室工作的社会体验,企业面临着为员工提供更多成长和学习机会的挑战。

——慧玲

基本信息

店名：丽江佖屋酒店
房量：16 间
价格：日常 RMB 580～2000 元
　　　旺季 RMB 782～2750 元
　　　淡季 RMB 480～1600 元
电话：0888-5129449
地址：束河古镇中和村 16 号

PASSING-CLOUD RESORT
"泊心云舍":

心灵可以居住的地方

祥子的泊心家园

所有的心动都不是偶然，所有的想念都有回响。"泊心云舍·文苑"于 2019 年开业，却像整整筹备了 20 年，而"泊心云舍"品牌是祥子在 2015 年才创办的，到底是谁孕育了谁，回头看又是一场玄妙的缘分。

祥子，广东客家人，爱生活、爱运动、爱探险，脚步走过大江南北。

1999 年，祥子初次来到丽江古城，心瞬间沉静在柔情静谧的慢古城里，后来，他十几次重返这里。2006 年，祥子慕名入住了位于当时丽江古城核心位置的唯一一家四星级酒店——剑南春文苑酒店，这里曾是各国国家领导人下榻的地方，也有各界名流曾幽居于此，庭院内的牌匾和对联是徐寒、杨崧等艺术家的真迹，祥子对这座典型的纳西民居庭院钟情不已。

此后的十年里，祥子的足迹遍布中国古城、古镇，工作也从政府机关、事业单位到国有企业，积累了丰富阅历的同时也沉淀出对民宿的独特情怀。2015 年，祥子创办了"泊心云舍"，致力在古城、古镇、古村落打造高端心宿（民宿），第一家店在大理开业。

2018 年春节，祥子再回丽江，走过"剑南春文苑"时，只看到大门紧闭、院落凋敝。对这座昔日辉煌的庭院生出不忍的同时，祥子也萌芽出创立第二座泊心家园的计划，几番打听，终于找到了庭院的主人——金女士，金女士认同"泊心云舍"的理念与文化，两人一拍即合。

"泊心云舍"的选址从来都是经过反复推敲的，选择"文苑"这瞬间的决定，从祥子初次到丽江算起，已经酝酿了 19 年，祥子有太多的想法要在这里实现。

　　这里左邻四方街，右依木府，背靠狮子山，被古城环抱。

　　玉龙雪山的冰雪融化成水，穿过田野，千年的时光里涵养出了一个宁静而富有朝气的丽江古城。这里是高原水乡，是茶马古道上最重要的中转站，有繁盛的街市。八百年来，四方街人来人往，普济寺香火缭绕。这里有被岁月打磨得温润光滑的石板路，有纳西民居的白墙灰瓦、雕梁画栋，有潺潺溪流的水声叮咚，有花木飘散的馨香，也有十里酒吧的梦幻。

　　祥子亲自带领来自深圳、香港、丽江的设计团队，深入理解纳西民俗和东巴文化，秉承"泊心家园"的核心文化，融合白族、彝族、藏族的民族精华，也最大限度地保留庭院的原有面貌。祥子想要打造的不是一处民宿或酒店，而是纳西建筑、纳西民族风情、东巴文化、茶马古道的缩影。

　　一个不起眼的雕花、一根普通的木材、一个小小的螺丝，祥子一一把关、严加甄选。房间的摆设：香巴拉房的大铜炉，茶马古道相关的旧物件——马铃、铜锅、银钱袋、皮箱……他不惜花几个月时间到各大门店找到相符的物件。

　　这座占地面积 3000 多平方米，丽江古城腹地最大的院落——丽江泊心云舍·文苑，是祥子用 20 年回馈给时光的泊心家园。

一步一景是丽江

"文苑"的侧前方是丽江唯一一所教授东巴文化的学校,伴着朗朗书声走到院落的门口,有悠悠转动着的水车,高高屹立的百家姓东巴墙,威武可爱的石狮,精美的古典彩绘,还有雕梁画栋的斗拱飞檐,仿佛是进入纳西传统大户人家的门庭。

踏入老漆大门,头顶一幅"福"字木雕,寓意着到"泊心家园",福气来到。白族民居特色的照壁中透出优美的罗汉松正迎客来。照壁一侧,"多肉"铺满花池,四不沙弥安坐其间,禅意缭绕,瞬间心神安静。

闲步庭院,烟雾缭绕的转运桥,承着唐宋遗风,像一弯新月映在水面,也伴着水的灵动。前庭两个院子的广阔空间里是泊心云舍标志性的水系庭院。无边泳池水系是泊心云舍永恒不变的主题风格,泳池、静水系、生态鱼池,三重水系,环环相绕。人踏着汀步,锦鲤在池中游曳穿梭,勾勒出"人在岸上走,鱼在脚下游"自然与和谐。

水韵园林景观与东巴文化相互交融。水系中央的东巴柱上刻着大鹏神鸟和东巴神,是整个院落里阳光最先照到的地方,每当太阳升起,吉祥随之降临。百家姓东巴墙,青石雕刻出古老的象形文,与其说是字,倒不如说是画,每个文字都蕴涵着千年东巴文化的精髓。

院落的中心庭院里,铺设纳西四福朝寿的青石地雕,中央的青石地雕上摆放着大铜火盆,围着火盆打跳是这里永恒的热闹场景。各个角落的四季花草,掩映着古风古韵的院落。

大门的斗拱雕龙刻凤，挑空的大堂豁然开朗，这里没有前台，只是家中惬意自如的大客厅。正堂前的万卷桌、地八仙贡前方桌、太师椅及桌上摆放的龙琴，是祥子收藏的各朝古董，还有从缅甸收藏的千年金丝楠木茶台，整座大堂古色古香，气派沉稳。大客厅的二层是泊心书屋，摆满了文学书籍，沉浸书海抬头的瞬间便可远眺玉龙雪山。

后院是"茶马古道花园",用古老的五花石修葺成古道,一位英姿飒爽的"马锅头"(马帮的首领)牵着马走在古道上,蜿蜒而上的道路与墙上的壁画相融,这是马帮传奇的缩影。花园里,经幡随风飘扬,东巴许愿风铃叮咚悦耳,古街巷间流水潺潺,花儿盛开得也格外娇艳。在这里,可以写下最美的心愿,悬在浓浓的纳西族风情与古老的茶马文明之间。

另一侧庭院的入门处是东巴文化展示空间,祥子寻遍丽江,收藏了各朝代的东巴法铃、法螺、普巴杵、降魔杵等东巴法器,还有祭祀仪式物件、东巴经书、东巴祈福经文、长幅东巴字画,构成了古老的东巴文化博物馆。

顺着淙淙流水声,是一处中式园林水系,片石造景,流水潺潺,以微见长,文苑里处处有这般绵延深邃的景观意境。

拾级而上,是一座私密的纳西族小院。中国人的幸福,莫过于有个小院子,无需富丽堂皇,过好幸福的小日子。在这里足以过上一段"躲进小楼成一统,管他冬夏与春秋"的清净生活。

站于楼顶露台花园,远眺玉龙雪山,近观狮子山、象山,360度俯瞰大研古城,左边是热闹的四方街,右边是金碧辉煌的"古城大观园"——木府,"天空之境"把玉龙雪山映在眼前。

在"丽江泊心云舍·文苑",一步一景,倾听千年古城的回响。

累了,回家,到专属主卧

"泊心云舍·文苑"打造的专属主卧,每一间以丽江著名景点、地名或文化元素命名,设计风格最大程度地体现命名地的文化特色,同时融入丽江的纳西族、彝族、傈僳族、藏族等少数民族的传统元素。风格各异的戏剧氛围里,纳风花雪月于一室,承古镇记忆于一卧。

"金沙江":床头背景融入"万里长江第一湾"的元素,彰显着金沙江的神韵。

"木府":色彩艳丽的纳西族装饰、精致的雕花、雅致的拱门,将天地山川的清雅之气与王宫的典雅富丽融为一体。

"泸沽湖":梦幻的紫色是主要色调,搭配着具有摩梭风情的彩色,隔断和背景墙是花楼木墙装饰,踏入房门,尽是女儿国的神秘。

"香巴拉":具有藏族民族特色的图腾元素保留着自然生态和藏族传统文化,净土、峡谷、高山湖泊、原始森林及藏族风情融为一体,神秘而又清幽灵秀,火塘增添了一份温暖,藏式圆床再加上一丝浪漫。

"玉龙雪山":躺在柔软的床上,远眺窗外绵延不断的玉龙雪山,从日出到黄昏,看风云变幻。

……

30间主卧,各有各的典雅浪漫,又不失科技设计感,全屋皆是智能家居设施:电动窗帘、智能背景音乐系统、智能马桶、恒温淋雨花洒、温控毛巾架、智能加湿器……智慧的生活触手可及。新风空调系统、地暖、超大浴缸、慕思床垫、富安娜埃及棉床品、意大利进口MPE乳胶枕、原装进口资生堂洗浴用品,保障着每间主卧的最佳舒适度。

入住"专属主卧",不得不"顺走"专属用品,竹纤维浴巾毛巾、亚麻拖鞋、桃木梳,仅供"泊心家人"专属使用、随身带走,离店后的客房钥匙会成为专属钥匙扣。这是"泊心云舍"打造的专属品质与归属感。

"心宿"是祥子提出的概念,一庭、一院、一家、一卧、一花、一草的世界里,从院落的打造到专属主卧的设计布局和设施设备细节,都是泊心家园独有的宁静致远,祥子不常在家,他给泊心管家提出了极致的要求:细心、耐心、贴心、暖心、交心,家人的需求须第一时间解决。

在"泊心云舍",没有"客人"只有"家人",每一次旅行都是心灵的回家之旅。

"泊心云舍"：心灵可以居住的地方

掌柜心语

我们要好好活着！
——祥子

基本信息

店名：丽江泊心云舍·文苑
房量：30 间
价格：RMB 1348～5338 元
电话：0888-5171666
地址：古城区大研街道光义社区金星巷 22 号

BAIMAQINGSHE
"白马轻奢"自述：

在古城里距离天空最近的地方

自述者简介：黄梵希，"白马轻奢"创始人，中国饭店协会常务理事，曾参与创建经营"童话客栈""云端彼岸""隐漫度假酒店"。

为什么想开一家民宿？

　　我从前做过牙医，开过餐厅。11年前，一次独自旅行的机会，我第一次到丽江，决定留下来换一种生活方式。这11年里，我只做了一件事——经营民宿。参与创建了多个民宿品牌后，"白马"的创立是一时兴起，也是在变化的市场中的坚持与转型。我信仰自由，想为自己打造一个王国，认识有趣的人，民宿是我与陌生人的唯一交集。

钟情：你相信一见钟情吗？

初上狮子山，相较于山下的熙熙攘攘与琳琅满目的店铺，山上是丽江古城里最后一个没有被商业化的地方，是真正的"乌托邦"。小巷与周边建筑仍然保留着原本的模样，偶尔遇见在墙角晒太阳的纳西族阿奶，还有抽着烟锅头迎面走来的老爷爷。

2014年，受邀到这个院子考察，当走完半座山爬上院子门口的第42级台阶时，我心里早已打了一万次退堂鼓。但在回过头的那一刻，世界仿佛安静了，远处是云雾缭绕的玉龙雪山，脚下是屋舍错落的丽江古城，湛蓝色的天空下，棉花糖一样的小白云低低浮着，眼睛被震撼的同时，脑海里只有"人间仙境"这四个大字闪闪发光。

当时对于店的选址只有一个念头：一定要在这里！必须是在这里！最后也是这里！

它的上一任主人出于种种原因准备放弃经营，我们毫不犹豫地接下了它，却很难定位它的风格。当时的丽江古城里，每家每户都以纳西族的民族风庭院为主流审美，可我却不想继续这样的千篇一律，我们在总结自身位置优点和辗转多地考察后，决定定位成"丽江古城少见的轻奢度假庭院"，至于后来怎么成了"网红"民宿又是后话了。

设计：审美这东西，顺眼就好

我们的设计理念是"以独特与创新打破传统"，但看过太多的方案后，仍然觉得少点什么。

在一个风和日丽的下午，我坐在门口的台阶上，看着湛蓝天空下的小院子，微风拂着院墙边上的小树叶，沙沙作响，忽然觉得眼前的这个小院子，不就是宫崎骏笔下的《悬崖上的金鱼姬》里宗介家的小木屋吗？

当即告知设计师我的这个想法，并形成了初步的设计理念：保持原建筑框架不变，响应政府号召保留原木结构，加入现代感的简约风格，室内以观景为目的设计独立玻璃阳台、大落地窗，以浪漫为辅设计帷幔、透明浴缸。当这个想法做成了设计图时，困难也接踵而至。

施工：这是个养成类游戏

最担心的问题还是来了！找了多个施工队，都以在山上施工且在景区内为由而拒绝。

当你走完了九十九步，只差一步就圆满时，不甘心会让你逆风而上，想要做好一件事情，完成一个心愿，有时候得有一股必须成功的劲儿。

因山上景区地形特殊，山顶还有一家奢侈品型酒店——"安缦"，所以山脚下有专人看守，只放行人，禁止车辆通行。我们只能增加人力成本，一砖一石用人力从山脚背上山。

我们拿到车辆通行证时，已经是开工四个月以后了，期间我一直驻扎在山顶工地，一点点看着它长成，很开心。拿到通行证时刚好软装进行到一半，总算没让我背着乳胶床垫爬山。

面客：汝家有女初长成

历时 6 个月，秉着那颗自由的心打造的院子，终于完成。时隔四年，至今我依然记得接待的第一批客人。当然，初期没人愿意来山顶住，在丽江混迹多年，自认为人缘还可以，"刷脸"的时刻来了，从出租车司机到异地的酒店客栈老板，我都没放弃推荐自家院子的机会。线上各类网站也没少研究，最后敲定与"携程"独家结成"友谊"，一切正往好的方向发展。

困难总会有，经历了就是彩虹

如果说，能克服之前的困难是出自于本能的心有不甘的话，那么能扛过这次的危机则是源于发自内心的责任感。

院子经营到上升期时，合伙人之一，并担任着重要职务的网络负责人离职，我开始自学网络运营，并小有成就地获得瑞士洛桑CDP认证的酒店管理学位证书，院子也继续稳步向上发展。

隔壁有家院子希望我们能接手，那时的我对于民宿的看法，相较于前期的理想与自由，更多了份坚持与责任。这个新院子是延续，整体风格不变的同时，同样以观景为主增加了温馨舒适的元素，改变了房间类型单一的弊端，增加了家庭房与180度全景房。只是没想到，新店刚刚建成投入使用时，危机也在前方等着我们。

店名与外网挂牌名称由于种种原因被迫更改，对于刚刚经历过网络改革、新店建成、口碑与客源都不稳定的我们来说，无疑是站在悬崖边上又遭遇了场暴风雨。

"白马"非马

曾有人问我,"白马"对你有没有特殊意义?有,当然有!

更名危机后,"白马轻奢"让我看见了荆棘丛里开满了鲜花,泥泞的道路上也有了不一样的风景。

"白马"非马,身心休息处,愿满身疲惫的你,在"白马"享受放松与舒适;

"白马"非马,"白云点作马"(歌曲《白马》中歌词),愿每位"白马"旅客怀抱山河,白日牧云,夜晚观星;

"白马"非马,以梦为马,路行万里,不忘初心。

"白马"诞生时被赋予的灵魂:奢侈的睡眠、有温度的服务、亲近大自然的灵魂享受。

有人说,身体和心灵总要有一个在路上,而有时不妨停下来等一等,让身心找个高处享受美丽。

我们一直在努力

当我们觉得应该止步于此的时候,一位小姐姐的入住再次改变了我们。她是LPL(中国"英雄联盟"职业联赛)的知名主持人余霜。她随手发了微博后,我们的线下预定电话被打爆,线上订单接到手软,也认识到"网红"效应与网络的力量。

为了让更多人找到并了解"白马",我们在"微博""抖音""小红书"等平台开辟窗口,以绝佳的观景入住体验与贴心有温度的服务,渐渐成了一个小有名气的"网红"打卡店。

入住的朋友越多,由老朋友推荐而慕名来住的新朋友也就越多,都说时间是检验努力的最好方法,谁也骗不了,我们一直在努力。

邀您到山顶叹一句"不枉此行"

夜晚观星，这里视野独绝，是古城的最高点和最佳观景处，也是《中国国家地理》杂志、中央电视台探索频道等媒体的取景地。

到达"白马轻奢"有两种方式：穿越古城徒步上山或在景区外打车直奔山顶。

如果体力可支，自然不可错过徒步抵达的美好。逆着人流，穿过四方街，会遇到一棵百年的大槐树，沿着树下的石板路向上走，像在穿越着古城近千年的时光。路过的万古楼景区，曾经是木氏土司的后花园和观星台。对面的文昌宫里，百年的古榆树美不胜收，还有保存完好的明清道教建筑。沿途也有许多商铺和咖啡馆，越向上走，越多惊喜。

在古城中流转时，不用怕迷路，只要联系管家，他们会根据你提供的地理标志第一时间找到你，接你回家。

到达山顶的豁然开朗，一定会惊艳到你。完整的玉龙雪山与大研古城将尽收眼底。

"白马轻奢"自述:在古城里距离天空最近的地方

两个院子共23间客房,9间房有私人阳台看全景,13间房可"躺拥"雪山与古城,三个公共区域都有观景阳台,每一次入住、每个角度都可以欣赏纯净的雪山与静谧的千年古城。在独立阳台的浴缸里看风景,与自然亲密接触,感受惬意人生,也是不错的选择!

精致感十足的九宫格早餐,还有丽江特色米线,味道好,颜值更是满分。

"网红"超大观景台是许多客人的最爱,我们精心设计了拍照场景:懒人躺椅、秋千、波西米亚风的全景阳台、小清新花框、水池以及适合拍汉服的灰瓦屋顶。

一杯香茗,远眺雪山,俯瞰古城,看庭前花开花落,望天边云卷云舒,感受丽江别致的韵味,随手一拍就是"网红INS风"硬照。

在露台吃烛光晚餐,就着微风喝点当地的"风花雪月"啤酒,良辰美景,成就了许多浪漫的爱情故事,等你来,讲给你听。

每一步都离不开"享受"和"摄影",不想出门的话,在店里观景拍照也能玩一天。多带几套喜欢的衣服,我们有专业摄影师。

"白马"的核心管理人员都是从事民宿行业十年以上的专业人员。人员培训延续着传统的师承文化,更好地将企业精神文化以及对客服务技巧代代传承。当你预定房间后,就意味着管家服务的开启,这是一种等待外地朋友来我家的感觉,时刻想着怎么细致暖心地招待你。

掌柜心语

这 11 年，经历了很多事情，坚持做一件事，不断地升级淬炼，有火花也有暗影，疫情洗牌后，能够留下来的一定是精华。

——黄梵希

基本信息

店名：丽江白马雪山古城轻奢庭院
房量：23 间
价格：RMB 400～1380 元
电话：18608881819
地址：大研街道新华街黄山上段 57 号 42-1 号

"尔湾水奢":

ERWANSHUISHE

"网红"民宿打造指南

"尔湾水奢"开业的第三个月,一位妈妈在房间里为女儿拍摄的小视频当日点赞量超过 80 万,"尔湾水奢"的粉色系全湖景吊床房爆红网络。此后,很多"尔湾水奢"的客人的第一目的地,不是泸沽湖,而是房间。

罗观说:"让人眼前一亮,举起手机拍下来发朋友圈或其他社交媒体,那就是成功了,这是我的工作激情和人生价值所在。"

"情怀"本是个中性词,不是远离世俗尘嚣的专属,在"尔湾水奢"遇见罗观,情怀便也开出了粉色的花朵。

社交媒体是"90后"的情怀

"大学毕业后找工作只是形式,家境还算不错,只想找到真正有趣的事业。"时代给了"90后"的年轻人足够的底气讲出这样的开场白,他们摆脱了饥饿基因,对未来保持乐观,是信息时代的优先体验者,他们的工作,须是有趣的、不虚度光阴的。

罗观自通信工程专业毕业后便先去了4S店,却发现玩车和汽车销售是两码事。然后回归家庭,接班父母的事业,却依然感觉枯燥无聊。

如何才能不为了工作而工作?遇到民宿前,罗观一直在寻找。2014年,当在大理的一家民宿里情不自禁地举起手机时,他终于找到了:拥有一家民宿,喜欢这里的人都在这里发朋友圈,这份自豪感一定是无与伦比的。

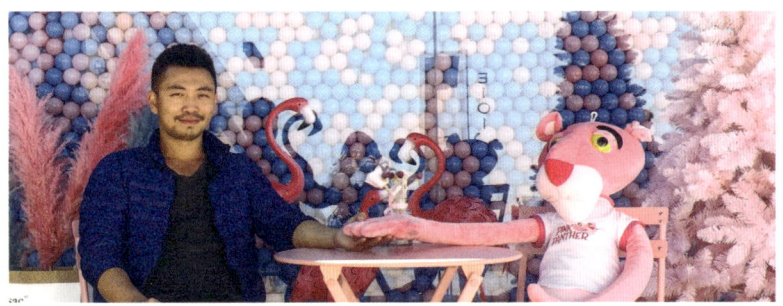

2018年，罗观开着车，围着泸沽湖一圈一圈地转，就像4年前不停地环着洱海转一样，同样有很多农户的门口挂着"此房出租"的招牌，但4年前的他看到的是一个个令他意气风发的机会，而此刻，他的人生却像被按下了暂停键，洱海边开业半年的新店因环境整治而停业等待。

无法开启却也无法结束，但有了大量的时间思考。20世纪90年代生的人不信太多的命运，但所有看似不经意的决定，罗观回头来看，发现人生是这样的有迹可循。

尽管当时还不清楚开民宿的复杂,但生出想法的第一瞬间,罗观就确定,要吸引和自己一样的客人,OTA平台、各社交媒体的图片和视频必须在第一眼锁住眼球。而罗观的INS账号里,一直以来点赞保存的几乎都是室内软装图片,就像一直在为开民宿做着准备。在风格定调的时候,打开曾经保存的图片,便知道自己想要呈现的感觉,那些曾经理想中的房间便都成了现实。民宿也回馈给罗观更多的自信,第一家店开业便成了网红,14间房,每天接到至少30个订单,供不应求。

要在这个行业停下吗?民宿是一次性的大额投资,对于普通个体来说风险巨大,罗观不得不重新理性地评估自己所能承担的风险。

"去泸沽湖是在冬天,从丽江出发到泸沽湖,尤其是从金沙江到泸沽湖的这一线太美了,还有泸沽湖清晨潮海的雾气、海鸥、野鸭子和透明的水。"原本3天的行程成了6天,每到一个空旷之地,罗观都会停下来静静感受。

路过大洛水村"尔湾水奢"的旧址,纯木的摩梭人四合院,表面虽陈旧,但木楞比其他人家宅子里的更粗,院落的外观也更别致,罗观连续参观了三天。

"本来不想做了,可是如果不做民宿我还能做什么呢?"罗观决定在泸沽湖边开一家新店,距离第一家店的设计已经四年,很多新颖的玩法早就迫不及待地想要呈现分享,这一次他要将民宿本身打造成旅游目的地。

生活需要仪式感

将"尔湾水奢"打造成"网红"打卡目的地,从设计到改造装修,罗观面临的是不断地取舍。

将丽江沉稳厚重的色调改为明亮与轻盈;将直面泸沽湖的一栋砍去一层,引湖景入店内,让所有客人足不出户欣赏湖景;将剩余一层的整个屋顶平台铺成巨型天空之镜。于是有了灵动的院落,天空之镜、院落里的水景观,与泸沽湖景连成一片。

从房间改造到景观布置,建筑师和工头常常从成本的角度劝说,罗观庆幸自己的坚持,将情侣、闺蜜、亲子度假的功能发挥到极致,必须要更性感、更浪漫、更少女、更有趣、更自由、更奢华,创造仪式感,让每一刻都是可以被定格的美妙瞬间。

梦幻天空之镜

　　风和日丽的日子里,在容得下自由散步的天空之镜上,屋顶散步便似漫步于云端之上,犹在蓝色的梦幻世界。

　　湖面吹来的风拂过脸,带着不同季节的花香,还有树叶的沙沙声响;天空之镜连着禅意水台、镜面水池,天地的维度在其间隐约交错;日出或日落时,看两轮红日连着彩霞,天地绚烂。

　　坐下来,喝茶、看书、看天光云影共徘徊,也看自己,看出神了或许会颠倒了空间,似看到另一个维度的美好,看到哪一个自己才是真实的。

闪耀的"T台秀"

每当傍晚,沿着泸沽湖倒影的星光和灯火回到尔湾水奢,越过前台走入院内,遇见"尔湾水奢"的最美时刻。

灯光沿着错落感的线条形成灯带,一路延伸至房间,中央的主道在灯火与景观水池中光影的烘托下,化身一个闪耀的T台。白天畅享大美的泸沽湖,夜晚带着所有的美意回来,在这专属的T台上,每个人都是主角,如此惊喜与极富仪式感地回到房间,最浪漫的一天才算是完整。

或许只有时刻沉浸在现场的氛围里,才会有这样的突发奇想,这是罗观夜守工地时的灵感,连夜手工画图,第二天与工人不断沟通着堆砌与改造,他希望,哪怕天公不作美,没有赏到最美的泸沽湖景,店内的一切也必须让客人不虚此行。

"女儿国"的蜜月旅行

"如果还是厚重的色调,规矩的家具,那就是来到另一个家,就没有了度假的意义。度假就是应该可以随意躺、随意玩儿、行李随意放,没有任何约束,全身心地放松。"这是罗观自己对度假体验的诉求,也是他想给自己的客人提供的。

"尔湾水奢"的房间里,没有规矩的家具,床吊在半空中,帐篷是在室内的,浴缸在窗边,毛绒的长颈鹿顶天立地,火烈鸟立在床头,地毯是粉色的,地垫上繁花盛开……

泸沽湖的每个季节,都呈现着不同的景色,但"尔湾水奢"的房间内,是永不褪色的童话世界。于是有爸爸带着女儿远道而来,足不出户,只为让少女的幻想成真。

打造"女儿国"的蜜月旅行,满足对浪漫的所有想象,不管是跟女儿、先生、男友、闺蜜,还是自己。

清晨,被阳光叫醒,懒懒地睁开眼睛,稍微歪一下头,格姆女神山、泸沽湖都在眼前。

服务：年轻人就是这样的直接

这是一个民族大融合的服务团队，纳西族店长带着藏族、彝族、汉族服务员，他们说着不同的语言、有着不一样的饮食习惯，但有一个共同的特点：不停地询问着客人是否有需求。

这是年轻人最直接的服务方式，与客人保持高密度的沟通，建立朋友的关系，听明白每个真实的需求点，分析不同的兴趣点。

四个专属管家，谁当班接单谁就跟踪到底，告知酒店信息、更新天气情况、关注实时交通、给出行程建议、拍摄美照……从下单到离店回程后的问候，不停地询问着需求，也尽力满足所有的需求。

每个客人都有各自的表达方式，这个年轻团队保持着他们最直接的表达方式。

生活总有新美好值得探索

"'90后'已经成为市场的消费主流。我们的社交是伴随着社交媒体的普及开始的,我们的社交离不开媒体就像生活离不开社交。我们愿不愿意发社交媒体,决定了很多消费选择,甚至部分生活的本身就是为社交媒体服务的,我们需要完美地记录和表达。"罗观理解自己、理解同龄人,个体的"网红"是一时的,"网红"的市场需求却是无量的。

开业以后,"尔湾水奢"的色调、风格、摆设逐渐被模仿,这并不是罗观的烦恼,"因为'网红'的打造是复杂的过程,需要进入社交生活中去,将当下的时尚潮流与社交媒体的流行元素融入到设计之中,引领生活感受和有趣的生活方式,做到极致才是'网红',需要创造和发现生活的新美好,创新永不止步。"

罗观的目标是:立足当下的热度,寻找自己愿意发社交媒体的地方,继续打造"网红"。

掌柜心语

最初进入民宿行业是一场懵懂的尝试,回头来看,后怕的同时也庆幸着自己的好运气。洱海店停业一年半后顺利开业,"尔湾水奢"在建设期几度修改后符合了泸沽湖景区的环境政策。

民宿行业,一次性投入大、风险较大,需要学习更多法律法规政策、总结经验、谨慎行事以规避风险,需要更用心地从事。

——罗观

"尔湾水奢"："网红"民宿打造指南

基本信息

店名：泸沽湖尔湾水奢度假酒店
房量：22间
价格：RMB 400 ～ 1300 元
电话：17708882920
地址：宁蒗县泸沽湖风景区大洛水村思娜村委会

HUXI

"呼吸":
雪山脚下的家

"认识世界的方式有很多种,在喜欢的地方,建一座有趣的房子,聚集一帮有趣的人,想必是最美好的方式。"这是老江的理想,也是他现在进行的生活方式。

老江"喜欢的地方"

12年前,当老江旅行到丽江时,终于不愿意再出发了。丽江一般海拔在2000米以上,对于大部分的旅人来说,"高反"或"缺氧"应该是身体的第一反应,老江却感受到了无限自由与畅快的呼吸,他决定在这里给自己建一个家——呼吸客栈。

取"呼吸"的名字,除了渴望自然与自由的呼吸,老江也希望朋友们能感受到丽江带给他的"心灵的呼吸感",听见呼吸的声音,这是人与人之间、也是每个人与自己最近的距离。

"呼吸"：雪山脚下的家

老江的呼吸客栈选在那时尚无车马喧腾的束河古镇。"那时候的丽江，真的是很美、很自然，人走在路上的感觉跟现在是不一样的。"老江的语调与表情中都是他初来丽江的震撼与美好。

当束河古镇也慢慢变得有些"快"了，商业味儿也渐浓了，老江也寻思着搬家了。他希望每天醒来听到的是鸟儿的欢叫，而不是古镇石板路上拉杆箱的轱辘声，"呼吸"客栈从古镇中心搬到了北门外的海棠山脚下，新家的名字叫——"呼吸.雪山脚下的家"。

现在的老江很少出门，关起门来自得其乐，出门十有八九是去机场。"呼吸"在丽江是一个神秘的存在，主人老江也是如此。两亩地、八个人、九间客房，"呼吸"的品质和价格没有淡旺季，12年来不做网络营销，去年因为太多客人反映寻找太辛苦这才在网站备注了联系方式。

"什么是丽江？是包容与融汇之地，事缓则圆，人缓则智，心缓则安，这就是丽江'慢'的精髓。慢下来，就是敬天，才能爱人，所以丽江的'核'就是敬天爱人。"这是老江与朋友们十几年来在丽江生活的总结。

"会有新的家，那一定是这个家不在了，但一定还是在丽江。"老江说。

"建一座有趣的房子"

　　出了束河古镇的北门一路向北,进入文明村,古镇的喧嚣听不到了,老江的新家也就快到了。"呼吸"没有一路的指引牌,需要留意谁家的大门比普通人家稍显雅致气派,门旁有块石头,刻着小小的名字"呼吸.雪山脚下的家",然后用那大门环轻叩铁门。

　　两亩地的院落很小,不小心就径直走到了头,瞬间就像进入了另一个天地之间。进门时明明还在一个自然的村落里,而到了后院,只要够胆跨过一个木栅栏就到了野趣十足的海棠山坡上。再反观院落,自然的野趣从海棠山的绿草野花传递给从院子里溜出去的爬山虎,再蔓延至整个院落。

　　听着风过竹林的潇潇声,躺在老树(古木睡塌)的怀里,看着眼前一湾碧绿的池水和一艘搁浅的老船承载着的一片花海,晒着丽江独有的慵懒的太阳,还有什么值得烦恼的事情呢?太热的夏季,换个角度,在阴凉处的秋千架上观去,同样是绿水和远山。正午的阳光过去了,取一块瑜伽垫,对着海棠山,凹一会儿造型或进行一场冥想。片刻的慵懒后,有露天的茶亭,认真喝茶、处理琐事。

　　老江巧用外景，在自己的院子里造出了依山傍水的景致，保留一份和谐美好的自然。他的设计理念是："建筑融于自然环境，连接天与地，为人而建"。他希望自己和所有的朋友在这里没有任何障碍和疑虑，保证每一刻的畅快呼吸。

　　落地窗旁是可观景的泡澡池，自然从室外再继续延伸到室内，也延伸到洗浴用品之中。定制的纯天然洗浴用品，常常有客人提出要带走，"洗得干净，不掉头发"，只有到了丽江，在这样的院子里，对事物的理解才终于回归到这样简单的本质上。

"呼吸"：雪山脚下的家

原生态的文明村，明明是纳西族的院落和老家具，为什么总感觉有种异域的腔调？感觉对了，老江是一位单簧管演奏家！

建筑的外立面是夯土和青砖，贴着红砖的壁炉前是长长的茶椅，茶室连着餐厅。餐厅的桌椅是老江多年来搜集的老料，吧台后面是收藏多年的洋酒。与主人对洋酒的喜爱相对应的精致的西餐摆台与中式餐桌隔帘相望。客人来或不来，蜡烛随时点燃，颇具仪式感地守候着一段同样具有仪式感的邂逅或者告白。不过爱洋酒的老江却爱中餐，所以这里只提供"中餐西吃"。

夯土墙、纳西床、老木料，也有红酒、烛光、雪茄，"呼吸"融入了主人老江对于一个有品质的家的所有想象，恰如纳西文化与西洋文化在老江内心的交融与和谐，这就是在地化与主人文化的融合。认识老江的人都会感叹，老江与"呼吸"是这样的气质相符：朴实、精致、有情调。

"聚集一帮有趣的人"

让"呼吸"成为自己的家、员工的家、客人的家,老江一直向员工也向自己强调着"不可偏移本质",所以当"呼吸"搬离古镇中心时,便将"雪山脚下的家"时刻后缀着店名。经过了十二年,老江已然聚集了他所理想的一帮有趣的人。

最惹人喜爱的爷孙三代

爷爷、爸爸、孙儿,只有老江分得清谁已老态龙钟,谁是活泼少年,因为它们扎着同样的小辫儿,也同样的沉静。在晒太阳、喝茶、看书的不经意间,它们静坐在旁边,悄悄与你构成了美妙一景。

胡小蒙、胡小吸、江小白,依次是爷孙三代的名字,每个刚知道它们名字的客人都会问,为什么江小白不姓胡?老江才会告诉你他的真实姓名——"我叫胡江。"

"呼吸"：雪山脚下的家

只有在做手工和唱歌时才不会脸红的阿子

不论何时都在雕琢着银器、皮具或是在弹琴唱歌的人，一定就是阿子。

阿子成长在内蒙古山区，父亲是手工艺人，从小耳濡目染得了家传，也自学了蒙古长调和民间的古老乐器。少年去北京看大世界，在餐馆洗碗，组建自己的乐队——"逆行"并担任主唱，一边玩音乐、一边做手工，一晃就是八年。然而摇滚唱得越多，内心的蒙古长调越是回响，妈妈生病，阿子终于回到了内蒙。

再次远行，已经不是为了看花花世界，然而去色达出家却终究尘缘未了。阿子到了丽江，遇见老江，组建"呼吸传统手工坊"，从此在这里敲敲打打，带着朋友们定制属于自己的皮具、银器、铜器。

在"呼吸"最美的角落，跟着阿子，静下来，让指尖和心灵对话，完成一件独一无二的作品。俯首累了，让阿子唱歌给你听。这个已过不惑之年的蒙古汉子，只有在做手工和唱歌的时候才不会脸红。

管家萱萱，异乡最暖的小姐姐

萱萱从兰州到丽江，认识了同是兰州人的老江，便在"呼吸"揽下了"全能大管家"的职务。为每一批客人建立单独的服务群，安排合作的司机接送，推荐最适合的游玩路线，还要严选在地产品的品质，防止客人吃亏上当。24小时在线，给客人最安心的服务，这是萱萱每天投入的日常。

白族姑娘小尹，在美食中找到自己

老江一直在寻找合适的厨师，热爱美食的服务员小尹自告奋勇地给大家做员工餐，客餐却依然处于空缺状态。给熟悉的朋友提供便饭，小尹收获了较高的满意度。老江请来专业厨师培训指教她，小尹的厨艺发生了华丽的转变。因为对生活、对美食的热爱，小尹在"呼吸"找到了自己的最有价值的职位，于是全天用心准备着美食。工区和房间内时刻有水果；早餐是纳西族特色的土鸡米线、纳西族粑粑等；正餐是可定制的特色家宴；晚安甜品则是美容养颜的牛奶玉米羹、桃胶银耳。

"呼吸"：雪山脚下的家

"呼吸宝宝"

相识、相知、相爱、结婚、生子，丽江的"艳遇"一词在"呼吸"是幸福的正能量。有三对夫妻每年都会带着孩子回"家"——与爱人最初相遇的地方，他们的宝宝都被称为"呼吸宝宝"。

"艳遇""呼吸一家人"，是一件有趣的体验。从客人成为朋友，旅游的目的就是回家。

老江和阿子的音乐世界

你知道这些乐器是什么?

胡笳(蒙语又名"qiao'er")、维吾尔冬不拉、蒙古口琴……在"呼吸",每天下午都会有一段音乐时间——古老器乐欣赏。阿子会吹弹起这些古老的乐器,听来自历史与自然深处的声音,感受音乐最初的美好。

倾听、欣赏、交流,哪怕只会打几下基础的节拍,老江和阿子也会热情地邀请你加入他们的音乐世界。

"呼吸"：雪山脚下的家

掌柜心语

　　做民宿，就像在山上与山下穿行。在山下，讲讲自己的，也听听别人的喜、怒、哀、乐；在山上，咀嚼一段生命记忆，享受些许云淡风轻。民宿就是一个现代生活的加油站，倾诉一下酸甜苦辣，感悟一下人生苦短，畅想一下美丽人生。然后，继续行走在各自的路上。

——老江

基本信息

店名：丽江呼吸.雪山脚下的家
房量：9 间
价格：RMB 690～1790 元
电话：15108851989
地址：束河古镇文明村 2 组 13 号

HUTUWO

"糊涂窝"自述：

结束之后,开始之前

《中国好民宿》网络征选时,"糊涂窝客栈"第一个被推荐。在第一期"中国好民宿参选展"里,我们这样描述"糊涂窝":

这是一家低调的"网红"民宿:低调的选址,却收获了天地大美的极致;低调的门面,转角是扑面而来的广阔;低调的体量,却吸引着综艺节目和明星来打卡;低调的主人,是女生都曾迷恋过的大叔……

"糊涂窝"最吸引人的除了大美的风景,还有主人游玛,他是客栈的灵魂。游玛大叔,自在随性,有温度,不为市场所动,只要快活地生活,用自己的生活方式感染着员工与客人。他坦诚地说:"我不是最好的,但我是最贵的。""糊涂窝"的主人不糊涂,不会让商业绑架自己的生活。

2019年,"糊涂窝"因为环境治理而被拆除,但并没有完全消失。

十年前,游玛与前来租客栈的依依相识并相恋,然后共同经营"糊涂窝"。十年后,他们的爱情随着"糊涂窝"的拆除告一段落。依依选择退居环境保护线80米,亲手打造全新的"糊涂窝"。游玛选择退隐民宿"江湖",到纳西族村庄里做一个农场主。

此刻,游玛和依依享受他们各自的生活,分手后的两个人,见面谈笑,似亲人般互相信任与祝福,这是民宿留给他们的浪漫、洒脱、美好、豁达。

我们听游玛大叔讲述与"糊涂窝"的故事,在一家民宿完整的生命里,有中国民宿一路走来的变迁。即便没有了游玛的"糊涂窝",我们也依然拭目以待。

"糊涂窝"自述：结束之后，开始之前

自述者简介:游玛,"糊涂窝"创始人,自由的背包客,18年前脚步停留在泸沽湖,如今生活在丽江纳西族村庄的农场。

我为什么做民宿?

2002年徒步云南,我从丽江走到了泸沽湖,此后每年都去,每次住15天。

我做民宿,为了90%的情怀与10%的生计,那时候,每天过得很有诗意,一切都很和谐,政府、村民、房东,还有我们异乡人。

2007年,我开了针对背包客的"游走部落",标间卖50元,单个床位卖8元,4个人可以挤一个大通铺。半年没有一个客人,我天天睡到10点起来,也还是非常开心的。当时的成本很低,房租每年一万多,一个小工的只要几百元,来了义工就包吃住,全年就两三万的支出。一年下来,我赚钱了,不多,1000块,揣在兜里,特别高兴,买了一大缸酒,烤了一只羊,把一年的利润花完了。

第二年赚了两三万,第三年因为喜欢玩就把客栈租出去了。当我"浪"了半年回到泸沽湖时,就在里格半岛一位大哥的店里做管家,我做事很用心,早上4点起来烙饼,做餐饮我很拿手,于是大哥老跟别人说游玛是老板。店里一年的营收有80万,我的收入比自己开客栈还要多。

2011年,我自己租了摩梭两姐妹的房子做了第一家"糊涂窝",2012年国庆节开业。房价在666到999元之间,依然没生意,后来干脆涨价到1800元,成为泸沽湖最贵的店。有位客栈老板坐不住了,就来找我说:"我投资了500多万,房间才卖400多元,你才投资100多万,不能卖这么贵吧。"后来我们达成协议,都卖1000多元,泸沽湖一带的房价就这样被整体抬高了。说实话,价格真的偏高,因为房价高,地价也越来越高。

2018年，综艺节目《亲爱的客栈》找到我，合作拍摄了《亲爱的客栈》的第一期，节目热播，泸沽湖火了，是非也随之而来，事情的最终结果是我只能放弃第一家"糊涂窝"，还好我还有第二家"糊涂窝"，这是泸沽湖最贵的店，卖到3000多元。

第二家"糊涂窝"共4间房，成本低，利润高。客人来了就是一起聊天、一起玩，很少有投诉，一年最多两三单投诉，只要住得不舒服就退钱，总之不让客人把不高兴带走。曾经有个客人投诉，说你们家风景挺好，但是牛大清早就叫，还有牛粪的味道，我就把钱退给了他，现在他是我的"粉丝"。客人投诉我们基本都是因为硬件问题，毕竟在这方面我是外行，但是在服务方面绝对没问题，只要我在，客人没有不满意的。

"糊涂窝"自述：结束之后，开始之前

十几年来，从最初背包客客栈的8元通铺，到后来三四千的高端客栈，做得越来越好，赚得越来越多，随着明星往来，媒体拍摄，客栈也越来越有名了。但是，矛盾也越来越大，人也越来越不开心了。过去的和谐是因为没有多少利益冲突，后来游客多了，钱多了，利益有冲突了，所有的矛盾也就越来越突出。

我对中国民宿的认识

何为民宿？在一些有美丽风景的地方或者旅游景点，农民在自己的宅基地建几个房子做小型旅馆，自己建造、自己经营、接待游客。发展到现在，95%以上的民宿已经不是真正意义上的民宿了，大多数都是像我这样的异乡人到喜欢的地方做客栈，所以，所谓的"民宿"，我认为叫"客栈"更加准确。

民宿的元素：一是硬件，即基础配备，包括所处位置的自然风景、建筑装修；二是软件，即民俗文化与服务中的客户体验。我相信我的成功在于超前的服务意识，十几年前，我就在客房里配了面膜、指甲刀等用品，虽然没有标准的服务，但客人只要提要求，我就尽量满足，甚至是不计成本地满足他们的需求。

我对中国民宿的认知从20世纪90年代末的丽江客栈开始，那时来了一批真正怀揣情怀的人。当时经营成本低，民宿人对利润的追求也低，他们大多是音乐人、画家、玩户外的文艺青年，他们都诗意般地生活着。2000－2010年是丽江、大理的民宿发展最快的十年，因为最初的民宿人的生活和故事吸引了更多的人，游客里有很多人都有开客栈的念想，有些人因为种种现实原因没开成，也有些人真的开了。2011－2015年，民宿高速发展，民宿人的收入也是空前的高，很多店投资一两百万，一两年就收回成本，一些房量到达十几间以上的高端客栈，一年可以收入几百万，比一般的酒店收入还要高，这也是民宿行业的不正常现象。

民宿市场从2015年开始衰退，我认为衰退的原因主要有三点：一是供大于求；二是由于坑蒙拐骗、投机取巧造成的信任危机；三是后来的民宿人还在不切实际地追求着过去最好时候的收益。

2018－2019年，我走访了民宿行业发展最大的几个区域：江浙一带的莫干山、广西阳朔、湖南凤凰、贵州镇远，还有云南的丽江、大理、腾冲、香格里拉。

每一个地方的民宿都大同小异，主题文化也差不多，做什么都是一哄而上，比如帐篷酒店，全国到处都是，游客住多了就没有新鲜感了。同样的硬件标准，民宿比酒店高出一倍以上的价格。然而，人们不像当初对民宿有这么多好奇心了，而负面问题也被游客所熟知。如今，民宿市场供大于求。

我认为，中国民宿的总产值会一直提高，还会持续增长三五年，但是民宿个体的收益会继续下降，只有极个别有特色的无法被模仿复制的民宿，会继续保持较好的收益。

中国民宿的未来，和其他任何行业一样，需要新产品，模仿复制必死无疑。

另一种好玩的生活

　　一辈子太短，我到丽江建牧场就是想换个方式生活。重复在一个地方做事太单调，纯粹为了做大、赚钱更没意思，哪怕在北京有1个亿的别墅又有什么意义？我的牧场快盖好了，马、羊、驴、羊驼马上就要到了，来这原生态的地方，住在自然里，多好。

　　我做民宿时就是标准的民宿概念，有人说我是"小农意识"，现在，我依然是这样，找了几个帮手就自己盖房子，亲力亲为，成本低又很好玩儿。我每天在"朋友圈"发美图晒生活，6个手机，每个手机账号上都有5千人，全是"粉丝"，现在他们每天都会关注到我的动向，牧场建好了，他们都会来玩儿，也不用做什么"网红"、广告之类的了。

"糊涂窝"自述：结束之后，开始之前

  在这个牧场里，我自己怎么喜欢怎么玩儿，有大片水池倒映出雪山，有农田、动物、花海，花海是我把向日葵、格桑花种子一撒而出的，羊驼、驴子都是"粉丝"朋友们送给我的，到时候全部放养。房屋的材料也都是我自己找的，像水泥泡沫板，既保温隔热还隔音。我还设计了一个平台，把白色三角钢琴直接放在水池中央，可以对着雪山弹琴。反正城里人来一定会体验到不一样的生活。

  客人来了，义工来了，这里都是宽松自由又特别干净纯粹的气氛。安静宅着，与动物和谐共处，徒步爬山去亲近大自然……我只是在分享自己喜欢的生活方式，与来自五湖四海的客人成为朋友。

JUNYI
"骏逸骑士会":
雪山下的盛装舞步

马是纳西族自古以来的交通工具，如今虽不再走茶马古道，也常能看到马匹披挂着鲜艳的马鞍装饰，为游客们体验一段茶马岁月而随时待命。麦克，却在茶马古道的交通枢纽做起了"西部牛仔"，在雪山下牧马、教授马术，与马一起盛装舞步。

麦克的牛仔梦

很多的梦想不用操之过急，麦克的牛仔梦从发芽到实现就用了整整 30 年时间。

20 世纪 80 年代一则"万宝路"香烟的广告开启了很多男孩的牛仔梦，在一望无垠的荒漠中，一群牛仔骑着骏马赶着牛，16 岁的麦克对画面中奔放而洒脱的生活方式心生向往。

1994 年，刚读完大学的他有机会到美国的肯塔基州旅行，肯塔基州邻近得克萨斯州，牧场众多，牛仔们养牛为生，而这里恰是当年那则"万宝路"广告的拍摄地。"我觉得每个男人心里面都住着一个牛仔，牛仔的生活画面实在是太美了！"麦克心中的牛仔梦在这里开出了花。

在美国学习西部马术，到澳洲学习英式马术，麦克获得了多次绕桶赛、障碍赛冠军。而在广州，土木工程建造师才是他的主业，城市不是养马的地方，于是他在闲暇时间里兼职俱乐部的马术教练。

"骏逸骑士会"：雪山下的盛装舞步

十年前，一次丽江度假打破了麦克平衡了多年的职业与梦想，丽江的气候令人感到舒适，更重要的是适合养马，爱马、爱自由的他看到了自己想要的生活。于是放弃了打拼多年的事业，举家迁往丽江，在古城开客栈，在拉市海养马。

马场成为越来越多爱马术人士的交流平台，而骑马与住宿不在一处终究不方便，麦克开始酝酿一个具有民宿性质的马术俱乐部。他在玉龙雪山脚下的白沙古镇租下 60 亩空旷荒地，土木工程建造师的专业让一切不再遥不可及，盖马厩、建马场、造屋子，亲力亲为，从无到有。

2015 年，"骏逸骑士会"正式对外营业，成为丽江唯一一家以专业马术为主题的度假山庄。

面朝雪山，骑上马背，天高地阔，风清云淡，如今的麦克，"牛仔范儿"十足。在这里，已经是一名魁梧骑士的他终于和 20 世纪 80 年代一则广告看了无数遍的男孩相遇。

爱上一匹野马，而我正有一片草原

60亩地的山庄只有5间客房，"凡尔赛宫""白金汉宫""克里姆林宫""白宫""无忧宫"，名称与内饰一样，大气典雅。来自欧洲的骏马带来了全院统一的欧洲风。

5岁的"雅典娜"是荷兰弗里斯兰马，全身黑色，属冷血皇家马品种，这种马是英国女王的马车御用马，性情稳定，气质高雅。

8岁的"高飞"是一匹温血马，也是麦克的老朋友，它高大霸气、帅气十足，脾气却极好。

"黑龙"是纯种德宝矮马，黑得没有一点杂色，是小朋友的坐骑，时常会有点小调皮。同一品种的马，这里一共有4匹，正与麦克家的小朋友们培养友情，共同成长。

一身黑白奶牛色的"佳佳"是"黑龙"的"女朋友"，身材只比"古牧"略大一些，它同时兼任着俱乐部的"吉祥物"，是所有小朋友最钟爱的宠物马。

6岁的"阿Q塔"是一匹"汉半"公马，擅长速度和西部绕桶，金黄色的长鬃是它的标志，帅气且有个性，需有马术基础的骑士才能完美驾驭。

……

对每一匹马的特征脾性，麦克都如数家珍，眼神里满是对孩子般的疼爱，"它们都受过良好的教育，血统纯正，性格温和，毛色漂亮。"

血统纯正，教育良好，意味着价值不菲。一匹只受过初级教育的原生马的购买价格至少35万人民币，从欧洲运到丽江又是近15万的花费，这些结构匀称、线条优美的骏马必须每天进食五餐以保障在训练中完成自我成长，每一餐都是高价饲料。

选择了以马为生的生活方式便不再期盼生活本身的富贵腾达，老板娘霞姐很支持麦克，她说，推广马术运动，不是为了培养"贵族"，而是培养"贵族的精神"，这是一种热爱生活的精神。

爱马的人，都不愿意让别人经手养自己的马，有了马的麦克就永远离不开丽江与马场了，他是饲养员也是教练。

会所的大厅里，马鞍、马术服是最美的装饰，也是随时可穿戴的装备，大厅前的核心位置便是两个标准的盛装舞步训练场。

高大的麦克常被认为是蒙古族人，因为大多中国人对马术的印象还停留在蒙古族汉子的飒爽背影上。说起西部马术和英式马术，从起源开始讲起还不如邀请学员亲身上马体验一回，训练场上的麦克，亲和而绅士，带领着学员理解马、亲近马，和马成为朋友并建立合作关系。技术只是马术的一部分，更重要的是骑上马的自信与爱马的情怀，学习马术磨砺而出的是自信、乐观与豁达的生活态度。

骑在马背上，看训练场旁怒放的格桑花、看马蹄跨过的沟壑、看立于面前的雪山、看沿途路过的纳西族村落，骑着马的麦克常常被路人围观拍照，这是一个男孩梦想实现后最得意的时刻。

掌柜心语

"骏逸"作为民宿而言，马术的核心特色会让我们流失大部分的客人，但也会聚集一群真正喜欢这里的人。我认为有特色就有生命力，坚持做好自己，也一定会有出路。体验式的民宿会走得更远，民宿市场以后的细分也包括体验内容的独一无二。

——麦克

基本信息

店名：丽江骏逸骑士会山庄
房量：5间
价格：RMB 680～3827元
电话：18687999784
地址：白沙古镇骏逸马术俱乐部

MANSUI
"漫随"在丽江

从央媒记者到民宿人

"漫随"取自语录集《菜根谭》:"宠辱不惊,闲看庭前花开花落,去留无意,漫随天外云卷云舒",这是主人于涛现在的生活态度。

大多数新丽江人的淡泊与豁达脱胎于城市生活的纠结过往。2012年,在连续加班的第八天,于涛疲累得流鼻血,于是递了辞职信、关了手机跑到机场,说走就走之间恰逢丽江的航班,第一次到丽江便住了15天。

丽江足以安放闲适和安逸、诗情与画意,而京城繁华、百万年薪,也是很多人艳羡而不得的。两种迥然的生活方式的抉择,于涛用了整整四年时间。2016年,健康问题日渐严重,他终于辞职成功,带着与曾经的生活诀别的悲壮与豪气再次到了丽江。

在人生的下半场,对自己好一点儿,做喜欢的事情。在当时还不算太热闹的束河古镇,于涛有了第一个9间房的院子,叫"漫随",将初来丽江所感动的安心与放松带给更多人,对于他来说,此心安处便是吾乡。

2016年的丽江民宿市场已经过了"躺着赚钱"的红利期，而从2017年开始的两件极端游客纠纷事件更令丽江的旅游形象接连受损，本就处于下滑阶段的民宿入住率瞬间腰斩，于涛接到的预定电话里被问得最多的一句是"老板，这里安全吗？"

初来丽江的日子过得惬意，生意却惨淡，本钱余额即将见底，休息足够了的他也终于缓过神儿来，生活需要有事业的乐趣与担当。

曾经央媒记者的工作经历让于涛以更透彻的视野面对问题，他不再纠结于自己单店的经营，行业的整体困境需从根本上去改变。于是，他联合倡导成立客栈协会，发表《行业自律经营》，传递丽江民宿的友好形象；与OTA平台谈判与合作，维护行业的良好竞争，也为民宿引入流量降低运营成本；策划"丽江民宿论坛"，直击发展痛点，探讨出路……

"漫随"开业的两年里，于涛从一个寻找生活的客居者成为深度参与行业运转的民宿人，也从最初蓝天白云的惬意生活里生发出对丽江文化的深度认同。他决定对"漫随"进行升级，梳理丽江传统客栈的劣势，根植丽江文化，将"漫随"打造成丽江文化的传播窗口。

一座院子，一部丽江岁月

　　墙壁的留白勾勒出被冰雪覆盖的玉龙雪山，两位"马锅头"牵着各自的马队行走在山间，花草恣意地开放在他们的脚下。马帮翻越玉龙雪山是丽江绮丽文化的开始，"漫随"雪山民宿也从致敬马帮精神开始。

　　宅院由传统纳西民居的石与木构成，门口没有巨型的指示牌，只用镶嵌着东巴文字的四根老木柱架起一道木雕的横梁，横梁上是一块不规则的老栎木。马帮的立体雕塑场景与古朴却庄严的门头常引得游客驻足探访——这是纳西族的大户人家还是某个文化中心？于涛最乐于分享的不只是外在的形象，而是马帮雕塑脚下的栈道与走进"漫随"的每一步都包含着玉龙雪山顶的风霜历史。

　　曾经偶然得知玉龙雪山维修栈道换下了老桥板，他以每块近一千元的价格全部买下，嵌入到"漫随"的院落中。这些桥板是徒步到玉龙雪山最高点的必经栈道，天然的木纹肌理中凝结着山顶的雨雪风霜。

　　循着马帮雕塑的脚步踏上马帮曾经常常跨越的吊桥，进门的过道也是雪山桥板铺成的吊桥，走过刻着东巴文字的走廊，老松木雕刻的门，进入院内，四合围水、天水相映。院子中央的水系从吊桥下暗通着院外的山川河流，短短的一路，马帮、栈道、峭壁、水流，路过丽江的山川，走进仙气满满的诗意画卷里。

"漫随"在丽江

门外是古镇的热闹，屋内是独享的恬静，在纳西族"三坊一照壁"的传统建筑里，出则繁华入则宁静并不是件简单的事情。

于涛在建造之初梳理出传统古城民宿的两大问题：采光与隔音。他拿着手表在院子里站了两天，记录太阳的照射时间和角度，保障每个房间有足够的光照时间后再起隔墙。隔墙的隔音效果差是经营老客栈时被投诉得最多的问题，于是在传统的隔音棉之外增加中空隔音玻璃与轻质隔音砖。这一次，于涛花了大代价，终于兼得市井热闹与诗意栖居。

布景式设计延续到房间之内，窗外是亘古不变的雪山，窗内上百年的老木材是房间的自然肌理。手工独创的凤凰榻和孔雀床由老梁架雕刻而成。循着一条白色鹅卵石铺成的小道抵达浴室，宽敞明亮的空间里，木窗、石墙、木制洗漱台、浴缸被苔藓等绿植包围着，打开蒸汽喷雾，便如置身于山川森林间沐浴。

　　就算不用餐，"漫随"餐厅的布景也值得赏玩。餐桌由两块8米长的金沙江铁索桥桥板制成，上百年的历史雕刻出的纹理自成山川沟壑，加入片石假山便仙气缭绕。桌边摆放着纳西族铜锅、G20峰会时用的顶级骨瓷餐具、大户人家的梁架制成的龙头座椅正静候着食客入席。丽江名厨将会在这里烹饪云南十大名宴"三叠水"，明朝木增土司曾以此宴请游侠徐霞客。

　　马帮文化、东巴象形文字、纳西族建筑、雪山桥板……"漫随"以景观勾勒文化，以一庭院集结对丽江的幻想。于涛正在此基础上打造丽江图书馆，探索更多让"漫随"成为丽江文化传播窗口的新方式。

鱼头说，爱丽江

"鱼头说"是于涛的新浪微博账号，拥有超过60万"粉丝"。"鱼头说"少有"漫随"的宣传，而是从行业出发，替民宿主发声，维护丽江民宿形象。

2019年年底，"鱼头说"里是"2020温暖的丽江"的专题活动，为春节假期间丽江的民宿市场引流。新型冠状病毒肺炎疫情来得令人猝不及防，"鱼头说"也从经营引流转向成为丽江民宿人疫情防控的窗口。

从1月21日开始，于涛联合"客栈联盟丽江站"与大理市客栈协会呼吁对武汉籍游客取消春节入住的订单无条件全额退款；呼吁"关闭丽江各大景区景点及其他人群聚集区"；发布"莫让游客寒心，莫让回家之路艰辛"的文章，呼吁妥善安置滞留同胞，让滞留在丽江的湖北籍以及其他省份游客感受到丽江的温度；募集1500多个口罩免费发放给滞留游客；针对滞留丽江游客无家可归的不实网络报道进行了逐条批驳，将丽江在困难时期全力担当的事实及时传播，维护丽江形象。

"鱼头说"，是民宿人爱丽江的心声。

掌柜心语

希望你对过往的一切情深意重,
但不固执守旧;
希望你对向往的未来抵死执着,
但当下从容,一步一步,一步也不回头;
如此,不枉。

——于涛

基本信息

店名：丽江漫随雪山民宿
房量：13 间
价格：RMB 600～2000 元
电话：18908886685
地址：古城区束河古镇街尾村 64 号

SHILILY
对话"诗莉莉":

民宿品牌化商业模式的探索

受访者简介：许鑫明，"诗莉莉"创始人。

Q：从事民宿的契机与初衷是什么？

A：

我在"深大"就读期间，便开始了校内旅行社的创业，当时经常接触深圳海边一带的民宿客栈，被其中的人文情怀深深吸引，于是也在深圳海边经营了一家客栈。在学生时代的创业中，我亲历了这个市场的兴起及火热，并由此看到了民宿品牌化的新机遇，便决定投身其中，打造自己的品牌。

基于对旅游度假市场的调研，"诗莉莉"第一家民宿酒店落地在云南大理，同时把云南作为了第一个深度发展的区域，也是想通过在云南区域的连锁化来检验"诗莉莉"的商业模式是否能够立足市场。

最初，我希望从一个品牌的高度来做民宿这件事，使之能够在个性化与标准之间取得平衡。同时提出"泛蜜月"这一概念，力求以"在美的地方见证爱"，打造场景化的情感体验，满足更多追求浪漫的人的度假需求。

Q:"诗莉莉"是在怎样的背景下产生?有着怎样的客群定位与运营理念?

A:

在当时全行业消费升级的大背景下,传统酒店也面临着行业升级,小众、个性化、精品住宿是当时酒店消费升级的趋势。当时民宿在国内刚刚萌芽,野蛮生长的过程中也暴露出许多问题,比如产品参差不齐、缺乏专业管理、没有品牌化等。消费者需要民宿产品在特色、个性等基础上,提供更有设计感的空间以及更高标准的服务。因此,"诗莉莉"捕捉到这一市场痛点之后快速崛起,引领市场规范,得以良好发展。

我自己喜欢旅行度假,更愿意入住像"诗莉莉"这样有温情、有特色的酒店,像我们这样的"80后、90后"是目前度假市场的消费主力军,也是"诗莉莉"的目标客群。我们希望创造一个能满足新一代消费需求的品牌,迎合他们的品味、个性以及情感上的诉求。

"诗莉莉"提供的不仅仅是单纯的住宿功能,而是在一种场景式的空间里的浪漫享受,所以"诗莉莉"的品牌理念是"爱与美的共鸣",旨在见证爱的时光、定格美的风景,让"爱"与"美"成为"诗莉莉"的两大价值点。

之所以自称"许厂长",是因为我们把"诗莉莉"比作"许以大众美丽人生的梦工厂",它符合"诗莉莉"正在做的事情和美好愿景。

Q：在泸沽湖，"诗莉莉"的深度情感体验是如何展现的？

A：

早在泸沽湖还未被《亲爱的客栈》等综艺节目带火时，"诗莉莉"就已经进入了泸沽湖市场，并在最稀缺的湖景位置陆续开店，主要看中的还是稀缺的景观资源以及逐渐完善的交通配套设施，这些会让"泸沽湖"这个曾经沉寂的市场爆发。

首先，门店的选址都基于是否占据稀缺资源以及是否具备打造爆款场景的先天条件。其次，在打造产品方面，有吸引力的"场景"的制造成为重中之重，一个场景或许就能塑造一家"爆款店"。我们有一个公式就是"内容＋空间＝场景"，通过打造兼具颜值和情感的场景，比如用于求婚或告白的不二房、浪漫的星空房、玫瑰花瓣汤池、天空之镜、爱的天梯等，以此和用户建立情感链接，有了情感就有了用户黏性。然后，再通过"免费的摄影服务"让爆款的场景成为自发的传播点，在社交分享型媒体上打开流量入口，吸引用户源源不断地来打卡体验。

Q:"诗莉莉"的经营现状如何？怎样在高速发展的同时保证品质？
A：

得益于我们优秀的选址、扎实的经营以及爆款的服务思维，同时集团一直在从传统的小体量民宿向大体量度假村转型，获得更多市场主导权和溢价，所以就算在市场环境不好的情况下，"诗莉莉"的经营业绩依然保持着良好的增长，部分门店全年入住率能达到85%，RevPAR（每间可销售房收入）能达到650元的水平，这在行业里可以说处于领先水平。

"一品多牌矩阵式发展、一区多店集约化管理以及IP集成与内容运营"这套兼具标准和个性化服务的方法论体系，为"诗莉莉"的场景化运营奠定了良好的基础。"诗莉莉"基于"爱与美"一种调性的多种表现形态，通过拟人化的品牌、IP化的产品、娱乐化的互动以品牌规范、空间规范、语言规范、场景规范迅速赋能于下属酒店管理者，从而主导在店员工的个性化服务和运营。

Q: 经营民宿／精品酒店给你的生活带来了怎样的改变？
A:
　　快乐在于我们所做的事情，为大家的生活带去了美好的一面，为大家创造了另一种旅行度假的方式，而我们自己也能深处其中体验与感受，这是非常有意思的过程。所以我生活最大的改变就是有一半以上的时间都在"诗莉莉"各个店内"旅行度假"，这应该是很多人都羡慕的生活。

Q：如何看待"诗莉莉"以及行业的未来？

A：

对市场的未来，我认为消费将是持续兴旺的，我们能否战胜市场，核心还是经营理念、经营模式是否跟随消费者的潮流，服务内容是否能跟随消费者的喜好进行调整。市场不是在变差，而是在变得更加集中，消费者正在向头部靠齐。

从"诗莉莉"的发展轨迹或许可以给大家一些参考，"诗莉莉"已从诞生初期的民宿向更大体量的度假村或者精品酒店进阶，住过黄山"慰颜府"和"青梅学社"的人都知道，其独特的外部环境再加上多栋古建筑构成的内部徽派园林，完全称得上是度假村。对于这些体量大的门店，我们稍加努力，每店每年的回报就会有百万级以上的增长。事实证明，这些门店没有辜负我们的期望。所以，我们未来的拓展和开店计划，都在往精品度假村的方向努力，所有的资源都会往这方面倾斜。除此之外，"诗莉莉"其他的小体量民宿，因为同样具有稀缺性和高壁垒，以及不可再生的特点，所以我把他们也归属为公司的硬核资产。面对这些小体量的硬核资产，公司的选择是继续持有，但同时我们会努力寻找一些有沉淀的民宿主和我们共同经营，实现硬核资产的价值最大化。我们也在为我们的合作伙伴，创造更多共同成长的机会。

基本信息

店名：诗莉莉泛蜜月·昂月
房量：17 间
价格：RMB 500～1800 元
电话：0888-3029099
地址：宁蒗永宁乡蒗放村 48 号

SHANZAI
"善哉善哉":

陈哥和路姐的后半生

"善哉善哉"：陈哥和路姐的后半生

退休之后你要怎么生活？

第一次走进"善哉善哉"，透过密密的竹林和落地玻璃窗，一对中年男女，不是很靠近地坐着，各自看报纸和手机，桌上有盛开的天竺葵、茶和点心，一只大白熊狗安静地坐在一旁，阳光下的整个场景像一幅冒着热气的画。

陈哥和路姐来自北京，女儿刚刚上了大学，他们决定把人生的后半段留给自己。

爱自由的陈哥和私人管家路姐

陈哥，典型的射手座，无论工作或是生活都必须有的玩、有自由。人生的第一份涉外酒店的工作没做多久，此后的 20 年，是来往于俄罗斯、罗马尼亚等地的跨国服装小商贩，是酒吧老板，是餐馆老板。

路姐，注重细节且热情，所以可以连续为奔驰汽车的几个老板同时做私人管家，又因缘与加拿大的犹太老板相识，于是在北京的胡同客栈里做起了大管家，从事客栈服务和私人管家十几年，她是各国客人常常惦记的 LU JIE。

旅行是他们每年必做的事情，一辆"高尔夫"载着一家人走遍中国。女儿在高考前手工做了一张地图，密密麻麻地标记着一家人旅行过的地方。因为选择自由的职业有了更多的时间陪伴女儿成长，这是陈哥最欣慰的事情。旅行给全家人带来美好的回忆，也培养了女儿热爱生活的心态。

2016年，女儿顺利读大学，陈哥开始第三次川藏自驾，与"发小"一路开车，一路畅想着曾经的、未来的梦想。重返丽江，走进白沙，看到纳西族村民平静地守护着原生态的底色，老人们穿着民族服装在雪山脚下卖菜，在百年的供销社门口前谈笑，他的心里出现了一幅美好的画面：把家安在这里，一边田园生活，一边继续着路姐擅长的客栈服务。

当陈哥将这幅画面描述给家人时，路姐决定放下北京，扎根白沙，分享生活。女儿也高兴极了，白沙的家也是她心中完美的生活画面，有院子、有猫、有狗，还有抬头就能望见的雪山。

陈哥独自生活的 18 个月

2017 年 10 月，北京爷们儿陈哥带着行囊走出了家门，这一次他要给老婆、孩子创造一个雪山脚下的家。

客栈的选址经历了小波折却获得了意外的惊喜。最初签订的院子因为主人的困难不得不取消，而这位主人推荐的另一处正在转让的客栈却令陈哥更加满意，院子里已经有完整的纳西族建筑，不需要盖房，只需改建和装修。

从改建到装修的 18 个月，陪伴陈哥的是一只出生在院子里的大白熊狗——胖妞。他俩是"善哉"的创始人，也是最佳员工。

走进客栈，竹林掩映走道，左边是透着时尚感的现代厨房，右侧的木制与铁艺结合的小门把客房区域保护了起来，客房区是一个古朴的纳西院落，二楼的房间望出去是雪山，一楼房间的窗前可谓"一窗一景"。厨房的屋顶，造一处小花园，一览白沙和雪山。

工程完工时，擅长管理的路姐还在北京的胡同客栈工作，不能马上就位。陈哥走访参观了丽江的客栈民宿，决定既不攀比高端酒店也不参考大手笔投入的私人民宿，选择了简洁、舒适却有品质的家具、床品和洗浴用品。

一个男人的良苦用心，在自己所爱的地方造了一座梦想的家，兼顾着老婆的事业梦想和女儿向往的生活，真是一件美好的事情。2019 年 4 月，路姐告别了胡同生活，走进白沙，开启了她和陈哥的后半生。

"善哉善哉"：陈哥和路姐的后半生

路姐的一天

专业私人管家成了老板娘,都说"打江山难,守江山更难",但是把"善哉善哉"守护好,路姐相信自己的能量。

汉族的路姐有着纳西族的肤色与性格,20世纪80年代就进入高级涉外酒店工作,接受了系统的理论与实践的培训,在与客人的接触中不断开阔视野,也练得一口流利的英语,服务是路姐的职业,也是很多快乐与价值的来源。

无论在哪里,她对工作都是一样地投入,总是第一个起床,带着微笑开启美好的一天。

早餐必须有女主人的味道,这是路姐爱的表达。准备小菜、主菜、主食、肉类与水果,检查桌椅及餐具,摆好标准的餐台,选择音乐。无论客人住几天,都有不同的搭配,无论只有一个客人还是客满。

"善哉善哉"：陈哥和路姐的后半生

早餐是路姐每天的第一乐章，之后的检查客房卫生，解决客人的其他需求是每日奏鸣曲，锅碗瓢盆和各种服务的琐碎小事，都成了跳动的音符。

分割好时间以保障一个人的多角色重任。备餐、出餐、服务，打好时间差，才能确保菜品质量。采购、熨烫床单、招待客人、检查客房、介绍风土人情、提供出行建议、担当义务翻译，国内外客人需求不同，路姐清晰地记住了客人的需求，客人也记住了她的与众不同。

在"善哉善哉"，路姐既是员工，也是主人，既要有老板的心胸还要有员工的勤劳与专业的服务态度。从清晨的第一件事情开始，到晚上的最后一项工作结束，做好每一件日常小事、提供高质量的体贴服务。这是路姐喜欢的职业，也随时传递出她的快乐。

陈哥的厨房

"善哉善哉"里有了女主人打理,陈哥有了更多的时间采购食材、钻研特色菜,烹饪是他的另一项技能。

陈哥的厨艺是家传的,爷爷曾是法国领事馆的西厨师长,陈家人各有各的拿手菜。开餐馆的时候,他把家人的拿手菜带到餐馆里,现在又带到了丽江。焖酥鱼、红烧牛肉、酱肘子、炒随便、打卤面、炸酱面,拿手菜不需要菜单,随手拈来,同时他也在研制着更多的特色菜。他讲述关于菜的故事成了客人餐间的惊喜。

不管阴晴雨雪,挑选认可的食材是他每日的必修课。如今已经形成了固定商户,牛肉要在一家清真餐厅预定,鸡肉要在村里的纳西族人家买,蔬菜需是纳西族老奶奶刚从地里挪到筐里的。

每当接到客人的晚餐预定时,陈哥都会根据人数和口味配餐,这需要大量的时间投入,已经成为他的日常。曾有两个客人傍晚刚入店就希望晚餐吃红烧牛肉,没有预定自然没有采购,客人问有啥剩菜?他从冰箱里拿出一份前一天的红烧肉,"自己昨天吃的,留了一些。"话没说完,客人就说"剩菜也要吃。"陈哥没有想到,吃了剩菜的客人还在网络平台留言推荐他的私家菜。

闲暇之余,路姐会和陈哥搭档给客人来一堂烹饪课。陈哥的面条课,京味儿十足,吃素的人更喜欢路姐的素馅饺子。烹饪课的最后常常会成为一个聚会,一边制作美食,一边分享彼此的旅行经历,讲述家乡的风情文化,像极了一家人的自由与快乐。

喜欢自由的陈哥已经找到了平衡的生活方式。在客栈的时候全心投入,分享旅行经历,推荐行走路线,也会陪客人到附近玩儿,徒步、骑车或当一回志愿司机。闲暇时间读书,淡季时闭门继续旅行。无论哪种方式行走,都是感受不同世界的美好。

感受美好,分享美好,是陈哥和路姐的梦想生活。"善哉善哉"的品牌定义是:善待他人。

掌柜心语

2019 年来丽江是带着情怀来经营"善哉"的。这 8 年间，民宿像雨后春笋般地成长起来，行业里竞争激烈，但所谓的大形势的不理想并没有影响我对民宿经营的热情。2020 年，我们开业后的第一个春节，因为疫情，预订都取消了，最后一批客人初二离店，我们一家三口在客栈里过了一个不同寻常的春节。每天关注疫情变化，也祈祷着疫情尽快结束，武汉的大家小家都尽快恢复正常生活。我们常常与客人互动，问候、祝福，也规划着作为民宿人的力所能及之事，邀请奋战在一线的医务人员度个小假，在他们高强度、高负荷的工作之后，感受民宿提供的另一个家的温暖。

——路姐

基本信息

店名：善哉善哉精品客栈
房量：7 间
价格：RMB 480～1200 元
电话：18600958949
地址：玉龙县白沙古镇三元一社一号

VILLAFOUND
"墅家"自述：

一个非专业建筑师的民宿梦

自述者简介：聂剑平（鉦烨），"墅家"创始人，游历考察全球别墅及酒店十数年，有着别墅及度假酒店策划师、建筑师、室内设计师、家具设计师等多重身份。

A 型血，射手座，一个当代"吉普赛人"，我给自己的定位是三个"非专业"：非专业建筑师，非专业商人，非专业旅行者。

之所以这样说，是因为我的人生总是在出走与归来的路上。我大学学的是建筑学，毕业后不只做建筑设计，从 20 世纪 80 年代开始，做规划、建筑、室内设计，也做模型和装修工程，同时，卖过法国进口家具，开过咖啡红酒吧，还开过家具厂。从小到大，先是跟随父母不断迁徙，小学换过五所，中学换过三所。大学毕业后，一半时间都在出差。我也喜欢旅行，却贪图享受，喜好吃喝，爱与当地人交朋友，国内走腻了就全球去游历。此生我不想挑战生命的极限，只想体验生活的无限。

我的人生理念是"好东西要与大家分享"，这导致了我把喜好做成了现在的事业。

2004年秋天，我第一次来丽江，感觉空气里满是自由的气息，不冷不热，天空特别蓝，当时的古城还没有现在这么闹，"小巴黎"酒吧门口有摩梭姑娘唱着歌，贯穿古城的溪水清澈见底，那一瞬间我被感动了。喜欢上丽江之后的几年，我每年都会来很多次，慢慢地动了在丽江找地建院子的念头。然而，要找到可以合法建房的地特别难，费了很多周折，终于在古城北面的山上买了几个70年产权的院子。

终于可以实现心中的理想了，作为一个从事建筑设计的人来说，盖一个自己喜欢的房子是毕生的梦想。然而，临近筹备建设的时候，问题也随之而来，首先预算出了一笔很大额的建设费用，然后我开始思考建这座房子的目的："我准备退休来养老了吗？似乎不对。我会来这里发展事业吗？好像也不会。一年能来这里住多久？最多一个月吧。我不在的时候谁来打理院子？"所有的问题一时之间找不到答案，于是将建房计划放下了。

从 2008 年起,我开始有目的地去欧美国家考察别墅,当看完全球两个第一代建筑大师柯布西耶和莱特设计的别墅——法国的萨伏伊别墅和美国的流水山庄后,我的想法开始转变了。即便是世界知名的建筑大师给当地的顶尖富豪建造的别墅,百年之内也已经有些残缺不全了,没有人居住,且维修费用巨大。那么,作为一个毫不知名的我,建一座房子的意义何在?

"还是造一座可以让更多人享受的房子吧!"这是我考察了几年欧美别墅后作出的决定。而要实现这个目标,似乎只能做民宿了。

也许是因为纳西族崇拜自然的理念吸引了我,从小在山水之间长大的我,对原生态的村落有着天生的好感,加上丽江的商业化气息越来越浓,古城已经过分喧闹,想感受最真实的丽江,玉湖村成了我唯一的选择。

　　我在玉湖村找到了8户村民合作，利用他们的宅基地做民宿。在此之前，我已经来过这里很多次，对村子的情况很熟悉，当时大部分人并不知道玉湖村。这是一个保留得非常完整的石头村落，是有历史记载的木氏土司在丽江建的第一个村子，也是后来木氏土司避暑的地方，距今已有一千多年的历史。20世纪二三十年代，有个奥地利裔的美国人在村里住了27年，他叫洛克，他把纳西族东巴文化介绍到了美国，也因为他，"香格里拉"的名字传遍了全球。洛克在书信往来中向作家朋友詹姆斯·希尔顿描述着自己在中国见到的美好风景与人文，詹姆斯根据这些描述与自己的想象，写出了《消失的地平线》，书中提到的一个世外桃源般美丽的地方叫"香格里拉"。这种种故事都在告诉我，在这里做民宿必须十分用心。

此刻,坐在洒满阳光的院子里,回忆着八年前来玉湖村的情景,我反问自己:"实现了当初的理想了吗?"答案是基本肯定的。

事实上,当初看上这个村子出乎了很多人的意料,甚至有在古城开客栈的朋友说"等着看你关门",我都是一笑了之。但是直到现在,我内心一直都有一个担忧——我不知道我来这里到底是帮了玉湖村,还是害了玉湖村。

为什么这样说？因为我没来的时候，村子特别原始、漂亮、完整，所有民居都用当地的石头建造，哪怕新建房子也不能用其他材料是村民的共识。村里唯一不够完善的地方是没有基础配套设施，道路狭窄，村民的收入只能依靠为体验骑马的游客牵马，其他收入来源不多。我担心将民宿做出知名度之后，村里会涌来大量外地人和各种生意，那么玉湖村又会变成第二个大研古城或者其他古镇。万一有很多自以为是的投资人和设计师，不顾原始风貌，强行加上很多外来元素与材质，最终会毁了玉湖村的风貌。从商业上来讲，也许我的行为帮助了这个村子，但是从人文与村落风貌上来说，也许到最后我成了破坏者。

由于有这个担忧，所以开始做设计的时候，我给自己定了几条基本原则：

第一，尊重村落的原有风貌，不做大的风格改变。

第二，所有建筑材质只用当地的材料。

第三，建筑要与自然和谐，去设计化。

第四，尝试新概念民居。

第五，建筑要做到外朴内奢，别有洞天。

我说自己是"非专业建筑师",因为在做设计时,我会更多地考虑商业价值,而不是只考虑建筑是否好用与好看,我的设计准则是——设计以客人为本,这与我几十年的工作与生活经历有关,很多时候设计必须向商业妥协,我们称之为"商业折衷"。同时,我对中国传统民居一直抱有浓厚的学习兴趣,千百年来,不论贫穷富贵,中国人从来不缺乏审美的眼光,任何一个古村落与大自然都极其协调,而反观我们这一代人,却像整体丢失了审美力。所以在这样一个千年历史的古村落里做建筑,我不敢以专业建筑师的手法去设计,只能将自己当作学习者,去研究观察古人是如何盖房子的。

定了基调与原则,设计反而好做了,无论是用材,还是屋面坡度,从外表看,建筑与村落民居基本保持一致,只是窗子考虑到实用性而用了新材料,在纳西民居特有的祈福符号"悬鱼"上做了些新的设计尝试。在建筑布局上,我没有刻意做标准的几何形体,同样顺应了原有村民私有宅基地的地形,做到与自然、村落相融。中国的古村落基本都是随地形而建,他们都是顺应自然的,看不出人为设计的痕迹。

　　既然是想尝试做"新概念民居",总还是要考虑当代国人生活方式的改变,建筑既与村落协调,又要让当代人住得舒适。因此,在具体的户型设计上做了大胆尝试,无论是房间的开间、进深、层高,都比传统纳西族民居扩大了许多,开窗的方式也完全不同,结果客人喜欢,村民也喜欢。

　　"墅家"的产品定位是高端民宿,就必须要考虑客人的感受,我希望整体建筑从外表上看朴实无华,与村落毫无违和感,进入到院落内部,则是别有洞天,整体品质与传统民居不可同日而语。

　　现在这座院落已经运营四年多了,前后来过了几万人,大家基本都对整体建筑与室内设计赞不绝口,这是让我比较欣慰的。

　　当然，要做好一个民宿，设计只是第一步，如何做好在地化体验，且让客人宾至如归才是难点。由于我本人并不会长期生活在这里，所以没有把个人生活喜好当作重点。我希望大家来感受的不是我的个人生活，而是纳西族的生活，所以在营运上，我们尽最大可能雇请当地村民，既解决村民的就业问题，也让客人有更直观的感受。当然这并不容易，我们请了很多酒店民宿类专家对员工进行系统培训，这些专家有的来自巴厘岛的五星酒店，有的来自国际连锁餐饮品牌，也有的来自本土民宿品牌。经过了几年的摸索与磨合，很多方面都收获了优异的成果，吸引了大量的"粉丝"，也得到了当地政府的极大认可。

我本人是个"吃货",所以我们的餐饮做得很精心,也很受欢迎。有当地乡土菜系,也有其他地域名菜,还能做简单的西餐,目前正在研究健康素食。我们花了很大精力去寻找各地的优良食材,除了满足店内住客的味蕾需求之外,也通过"墅家方物"系统进行网络销售,乡土美食也是民宿的一大魅力所在。

如果您对丽江、对玉湖村、对"墅家"有兴趣,不妨来体验我们用8年时间打造的精品民宿——丽江墅家玉庐雪嵩院。

基本信息

店名:丽江墅家玉庐雪嵩院
房量:26间
价格:RMB 1288～4288元
电话:0888-5347666
地址:玉龙县白沙古镇玉湖上村

SONGZAN
"松赞丽江林卡":

"香巴拉"秘境的起点

纳西族古村落里的汉唐韵味与藏地风情

玉龙雪山的千年冰川水蜿蜒而下,流过茨满村,茨满村的梨是梨中上品。"松赞丽江林卡"在一片松坡林和老梨园之间,每年四月,漫山遍野的洁白守护着一片尚未被打扰的田园风光。

"松赞"品牌创始人白玛多吉第一次来丽江是在 1990 年,那时的古城中,老人们是追着太阳走的,每家每户在小桥流水、阳光晨雾中劳作生活。皮货店、豆腐店、烧酒店……小小的店铺组成了古城特有的烟火气。在他心中,丽江的灵魂正是这难能可贵的生活气息。但随着发展与变迁,古城里人头攒动,幸好茨满村还完好地保留着纳西族村庄的生活方式。

"松赞丽江林卡"："香巴拉"秘境的起点

"松赞丽江林卡",在葱郁的松林掩映之下,青灰色的酒店雄伟厚重,颇有汉唐古风,这是白玛多吉设计的第一家非藏式酒店,谈起建筑风格,他会从丽江的历史渊源讲起。

丽江位于"三江并流自然保护区"东侧的边缘地带,是滇、川、藏的交通要道。特殊的地理位置使这里成为"茶马古道"的重要集镇,纳西族木氏土司的政权中心所在。纳西族深受藏族和中原汉族的政治文化的影响,既保存着本民族的东巴文化,也成为藏文化与汉文化接触的前沿。

从明代开始,木氏土司有了学习汉文化的清晰意识。木府旁的牌坊上行云流水般书写着纳西音译语"天雨流芳",意为"读书去吧",整个区域在建筑上也逐渐中原化。

在中原建筑风格中,白玛多吉对唐代建筑情有独钟,在设计初期,他曾去五台山参观唐代佛光寺和南禅寺,并前往京都和奈良了解盛唐时期的木构建筑,设计的思路逐渐明朗。

"松赞丽江林卡"："香巴拉"秘境的起点

"松赞丽江林卡"以唐代官式建筑风格为主,沿袭着纳西族传统院落"三坊一照壁"的布局,引入徽派的回廊式庭院,大气挺阔的空间里,纳西族风格的六扇窗通透明亮,来自汉地、藏地和本地的装饰元素简约而沉静。

公共空间内陈设的石刻工艺品,朴拙的线条与棱角中是岁月打磨出的肌理,沉稳中透着温润,它们来自古徽州与河南,大部分都是白玛多吉早年的收藏。藏毯、汉地的国画、本地的手工刺绣,匹配得相得益彰,为端庄典雅的氛围增添了丝丝柔美。

房间、泳池、健身房、书吧,还有聚集了 22 种少数民族美食的餐厅,围合的空间内,是汉唐韵味与藏地风情融入纳西族古村落里的神秘与多元。

站在院落的山坡上,或随处可观景的回廊上,眼前是自然的山林与田园,东望是繁华的古城,北观则直面玉龙雪山,西侧可登山远眺拉市海风光,此处独享着一方开阔与宁静。

在松赞滇藏线的起点

到达"松赞丽江林卡",被邀请到大堂休息,喝上一杯热普洱,来几片自制的饼干,换上定制的千层底布鞋,舒适地走在静谧的回廊里,便像终于回到了家。

"松赞丽江林卡"的清晨以一堂心灵健身课开启,带着好奇、兴奋与清晨的慵懒跑进课堂,老师已在禅音缭绕中正襟危坐,万马奔腾的心绪瞬间尘埃落定。这是一套传承藏地古老智慧的正念练习,放松身心、认识"心"的动作、恢复"心"的弹性和开阔。然后双手在头顶合十,一次次将自己放倒,在重复的藏式传统运动中,去除身心障碍,开发"心"的无限潜力。

元气满满的一天,一颗已从纷繁复杂的生活中跳脱而出的心,带着"不以物喜,不以己悲"的喜悦,从"松赞"出发。

清晨的大研古城,人流少、光线好,跟随俄国作家顾彼得在《被遗忘的王国》中走过的路途,随意走在青石板路上,恍若隔世,就像亲历了纳西族几百年的风雨历程。从彼得故居开始,沿黄山街到达狮子山公园鸟瞰丽江全境,经过古老的大石桥到达热闹的四方街,再从光义街官道上的"忠义牌坊"中见证木府的辉煌,最后到忠义市场感受纳西族人最真实的日常。古镇的夜生活有灯光与音乐作伴,又是另一番景象。

"松赞丽江林卡"："香巴拉"秘境的起点

　　去文笔山登高参观始建于 1733 年的文峰寺，寺院建筑与壁画融合了汉文化及纳西族文化元素，异于其他藏区寺院。沿着松林间的石板小径拾级而上是闭关修行中心，这里是滇西北"噶玛噶举派"13 个喇嘛寺的最高学府，是滇西北地区唯一能执行完成"三年三月三日三时三刻"的闭关修行之所。这里也是金刚亥母的道场，山峰灵洞中有一尊第十世大宝法王亲塑的金刚亥母像。站在山顶，地势绝佳，异象清奇。

　　走进拉市海边的农家小院，推动石磨制作芳香四溢的鸡豆豆浆。然后坐在宽大敞亮的外廊下，和主人一家沏一壶热茶，听一席过往的故事与传说，体味恬静美好的农家生活。然后沿着乡间小路，在拉市海畔的微风中骑行，或到村旁的指云寺，穿越梨园，远眺拉市海。

　　……

　　"松赞丽江林卡"邀请旅行者行走在极致的天地中，修身养心，推开一扇扇生命的隐秘之门，借他山之石看见生命的无限可能性。

"松赞丽江林卡":"香巴拉"秘境的起点

回到"松赞丽江林卡",在宁静禅意的空间氛围里,在藏地的器物和传统藏式按摩步骤中,体验 SPA 的身心休憩的仪式感;心悦茶会,专注冲泡的每一次"起承转合"的节奏,体会每一片叶子的天地灵气;正念音乐会,充满灵性的自然音乐疗愈师与藏地梵音艺术家创造的一场给耳朵的盛宴,听寂静的音,观动荡的心;禅修精髓工坊,藏地最古老纯净的禅修智慧与现代脑科学相结合出一套最适合现代人的禅修心智科学……

时间回到最初的节奏,每一分每一秒,在静中探索心的能量,并把这见地存储在身体里,在回到日常生活的时候护持身心。

如果这些已经打开了你对"松赞"的留恋、对世界的兴趣、对生命的好奇,不妨从"松赞丽江林卡"出发,沿着"松赞滇藏线",探索"松赞"的"香巴拉"秘境之门。

白玛多吉与"香巴拉"王国

"松赞",二十年来立足于藏地酒店运营和定制旅行线路的开发与设计,如今已经成为旅行住宿界的现象级模式。创始人白玛多吉将"追寻快乐源泉"作为"松赞"的核心价值观,不断地发掘与精诚保护着藏族文化的精髓,让探索者们从"松赞"出发,认识和体验与自然和谐共生的藏文化,在现代化浪潮与全球化背景下,开启了一扇通往传说中"香巴拉"秘境的"隐秘之门"。

白玛多吉出生在香格里拉松赞林寺脚下藏族聚居的克纳村,因为担任英国导演菲尔·阿格兰德的纪录片《云之南》摄像助理的契机到中央电视台海外中心担任纪录片摄影编导。在他的心中,家乡永远是最美的地方,先后投资并执导了多部反映藏文化的优秀纪录片,其中,《大山的肖像》获得了1998年戛纳电视节优秀奖。

在法国戛纳参加电视节时,白玛多吉第一次接触到精品酒店的概念,住在小小的建筑里体验到了广博的当地文化,在纪录片之外,他找到了善巧保存和向世界展示藏文化的另一种可能。

2000年，白玛多吉用130万元的贷款改造了自己的祖屋，将藏文化的元素嵌入建筑工艺与装饰风格，营造出一个隐于喜马拉雅山边地的"远方的家"，取名"松赞假日酒店"。他将酒店交给妹妹打理，告诉妹妹关于"香巴拉"王国的梦想。藏族人相信"香巴拉"王国的存在，生活在这里的人快乐、和平、充满智慧，"香巴拉"可能是一个隐秘的美丽村庄，虽不在现实的世界，却与世界有一条通道相连。"松赞"的酒店将分布在香格里拉最美丽的村庄里，这些村庄可能是进入"香巴拉"的通道。妹妹将"香巴拉"的故事讲给客人听，有的客人成了白玛多吉的合伙人。

2004年，白玛多吉全身心投入"松赞"系列精品酒店的打造。此后的十年里，"松赞香格里拉林卡""松赞奔子栏山居""松赞梅里山居"等相继问世，将自然奇观、野性生灵、户外探索、村落生活、乡土民俗、手工艺体验串联起来，在地理角度和文化意义上形成了一条"松赞香格里拉环线"。

白玛多吉一直想为客人解决到香格里拉舟车劳顿的问题，无论是便利的交通还是适宜的海拔气候，丽江都适合成为首站落脚点。在2013年年末到2014年年初，他终于找到了一片理想的位置——仍能感受到纳西传统生活的茨满村，这是纳西族人最早的居住地，是"茶马古道"从西藏经过香格里拉东进丽江坝子的第一站，也是从丽江出发前往西藏的最后一个马帮停歇的驿所。

"松赞丽江林卡"成为"松赞滇藏线"的起点，与此同时，"松赞拉萨曲吉林卡"成为终点。在藏语里，"林卡"是花园的意思，也是野外任何一处花木繁盛之处，"过林卡"是藏族人生活里一场尽兴的狂欢。

从拉萨到香格里拉,白玛多吉走了14遍,每一次都要经历8到10天。2019年,"松赞滇藏线"正式打通,将"茶马古道"、滇藏公路、川藏公路合而为一。从滇藏线走到川藏线,有雪山、河流、森林和草甸,这是一条美丽而崭新的进藏之路。未来三年,他将计划完成"松赞藏东环线"、"松赞川藏线"的布局。

松赞从香格里拉出发,如今的布点跨区域、跨民族、跨信仰,白玛多吉说:"但是,香格里拉精神没有变。"白玛多吉被称为"香格里拉的守望者",何为香格里拉?走完松赞环线,心中自有答案。

"松赞丽江林卡"："香巴拉"秘境的起点

掌柜心语

不知不觉，2020年已经到来，这也意味着很多"松赞"的家人和朋友已经陪伴了"松赞"20年。20年前，"松赞"从无到有，从我一个人，现在发展到了近600名员工。当年出发的时候，我怀揣着追寻快乐源泉的梦想，至今也未曾改变。

现在，"松赞"在云南、西藏，运营了11家精品山居和林卡酒店，并在此基础上形成了滇藏线、香格里拉环线、藏东线三个主打产品。希望"松赞"的家人和朋友通过"松赞"的服务，能在"松赞"所处的山河美景中，得到最好的旅行体验，并能真正地找寻到"香巴拉"内心的自在和安宁。

——白玛多吉

基本信息

店名：松赞丽江林卡酒店
房量：41间
价格：RMB 980～1680元
电话：0888-5370999
地址：束河街道长水路茨满村四组

ROCK HOTEL
"石洛克"自述：

来一场"洛克式"的冒险吧!

自述者简介：李然，"石洛克"创始人，纳西族，建筑设计师。

回到故乡

许多人来到丽江落地生根是一场美丽的意外，而我更像是一次出走与归来。

我是丽江的纳西族人，但在昆明出生长大，而后到上海同济大学读建筑，去新加坡国立大学继续读建筑，最后才回到丽江。

新加坡国立大学有一个扶贫项目，建筑系李晓东教授带领学长们在玉湖村建造了小学活动中心，这个活动中心还获了许多奖，我一直想回国参观，后来终于如愿到了玉湖村。

当时就喜欢上这个村子，玉湖村的海拔约2750米，是纳西木氏土司的发源地之一，是玉龙雪山脚下的古村落，距离雪山最近，至今保持着原生态的模样，不像古城那么商业和热闹，有着别样的古朴和野性。

毕业后，我先在地产公司工作，后来开了一家投融资公司，虽然利润很高，但做得并不开心。我喜欢体验不同的生活，所以走过很多地方，也住过很多精品酒店，便希望自己也有一家。

2014年的丽江，整体旅游市场并不好，几个古镇里都是差不多的商业化项目，但丽江之所以成为世界级的旅游目的地，与其优质的旅游资源是分不开的。

玉湖村，建筑独特、不商业、原生态，在这里能够实践的旅行方式是在丽江别的地方难以实现的。因为对故乡比较了解，我跟当地人沟通也会避免很多文化的冲突，民宿本身也能更好地适应当地。

在考虑土地的合法性之后，选址在村子的边缘，不在主街道上，躲在里面不受外面的干扰，酒店前面是大片的荒野，另一面没有邻居，有很好的景观。相信真正喜欢我们的客人自然会找到这里。

造一座房子

我们设计的核心点是"融合",乡土主义就是如何将当地的建筑和所需要的建筑结合,现代的工艺手法和当地建筑手法结合。

首先是尺度的融合。我们租了几家民居,设计建造时保留了院子的边界,大小和高度上也保持基本一致。

第二,材料的融合。玉湖村的房子都用石头垒砌而成,我们在外观上采用了与其他民居一致的砌石外墙、木门、瓦屋面。内部采用钢结构,可以做更大的跨度,更适合酒店的房间。为了满足各种现代居住需求,酒店从结构上的钢、铝、玻璃,到室内的饰面、洁具、照明等,都采用现代材料。外部与整个村落的气韵达成统一,内部有度假的舒心感。

第三,工艺的融合。我们没有请外面的建筑队,而是与村里的工匠合作。做好设计图后,传统的石头墙怎么跟钢结构结合,当地的瓦匠木匠就来教我们。对当地民居的传承,不只是外表,更多的是对工艺的传承。从外观的石头墙、瓦屋面,到室内的窗花木雕,都由本地的工匠完成。他们世代相传的工艺,才是最原始的本土精神。我们希望在融合中创新,把好的理念带到村里,也守住村里的好工艺。

最后是生活方式的融合。比如,我们观察村民在哪里吃饭,纳西族民居的正房堂屋前有一个 2.5 米宽的走道,他们喜爱在这个半室外空间里晒太阳、吃饭、烤火、接待访客,这里是传统纳西民居里重要的活动场所。我们的每个房间都留有一个半室外空间,这个设计正是源于对纳西族传统生活方式的提炼,客人可以在这个空间里享受着阳光进餐,像当地人一样生活。

"石洛克"自述：来一场"洛克式"的冒险吧！

203

建筑、室内装修、园林，都是我们自己的设计团队完成的，一直在现场，设计到每个细节。建筑的整体属于现代先锋的设计，我们偏向非常简洁的设计语言。

　　对材料保持诚实，没有华丽的景观材料，而是用当地的石头草木来做设计。玻璃就是玻璃，木头就是木头，石头就是石头，所见即所得。

　　东边田野，南临城市，西为村庄，北面雪山，通过细致的建筑分布和指向特定景观的玻璃外墙，将这些景色———引入到院子和房间里，最大程度地将酒店所在地的人文景观与自然景观融合在一起。

　　保持室内与室外的协调统一性，这是对村子的尊重，对窗外美景的尊重，房间中可以推开的细条松木格栅，往外看，推开是框景，不推开是障景，往里看，是光与影的交织。

"石洛克"自述：来一场"洛克式"的冒险吧！

205

解锁丽江新体验

2014年产生的想法到2017年底才动工,到底做怎样的酒店,我们思考的时间很长。

玉湖村有洛克的故事。1922年,探险家约瑟夫·洛克以美国《国家地理》杂志和哈佛大学燕青植物研究所的探险家、撰稿人、摄影家等身份,进入中国云南,在玉湖村一住就是27年。洛克在描述玉湖村的生活中写道:"我们不知道什么叫做压抑……这里什么都不缺,我们就像生活在月球一样。"他把丽江及纳西族文化带向了全世界,并致力于研究和记录纳西族文化,收集了8万余件植物标本以及文物、文献。

洛克为什么在玉湖村住了那么多年?这个村子的气场是什么?给洛克带来了什么样的体验?

古城里小桥流水,而这个村子没有那么柔软,离雪山更近,风更大,天气更冷,来到这里,不应该只是观看雪山,更应该往雪山深处走,去体验雪山。

我们小时候会想象做很多职业,但是生活轨迹总是很单一的,不可能真的都去实现。我们希望做一个侧重点不一样的酒店,根据当地的条件,做一些活动,让大家在丽江有不一样的旅程。

洛克的主题非常适合这里,洛克代表了一种探索与体验的精神。我们的酒店就在洛克故居旁边,取名"石洛克",石头是玉湖村建筑的灵魂。我们围绕洛克作为探险家、摄影师、植物学家的三个身份来设计体验活动。

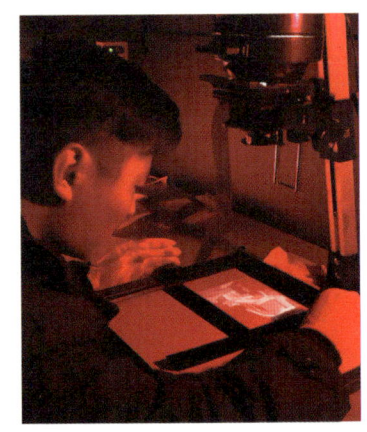

我自己初高中时，常跟朋友说去徒步，很多人都这样想过，但付诸实践的很少，做准备很麻烦，又有点危险性。我们为客人量身打造了雪山徒步，为他们准备行囊，当向导，走向雪山腹地，沿着洛克的脚步，感受行走的魅力和生命的张力，把徒步最好的体验留给他们，这就是我的初衷。

从玉湖村到雪山的海拔落差很大，短短五个小时能从草原看到针叶，观看北半球植物在亚热带的8个垂直生态系统带谱。学习洛克做一个"植物猎人"，找到最喜欢的植物装进袋子，回来做成标本，封存下这一刻，成为永久的收藏。

我们还提供一台使用胶卷的单反相机，还有冲洗暗房，记录目之所及，然后亲历暗房中的光影变化，真实感受作品在双手中的成像过程。

"石洛克"的 10 位工作人员都是当地人,他们不是管家,而是洛克助手,每个人都很全能,可以服务客人,带领徒步,协助洗胶片。他们把客人当做洛克,把自己当成助手。

　　客人对体验活动的参与度很高,我们希望每个人都能拿起登山杖,背起背包,走向雪山,在"石洛克"度假的两三天里,来一场"洛克式"的冒险,体验一种新的生活。最有价值的旅游度假在于深入到本真的当地文化中,经历差异性的生命体验和精神更新。

　　我们想要通过"石洛克"来创造的,是一种抛去旅行表面的浮光掠影后充实而完整的体验,是奇妙世界发给特别旅人的一封"不二情书",身心可以疲累,关于自然、文化与自我的好奇心永不止息。

基本信息

店名：丽江石洛克精品酒店
房量：18 间
价格：RMB 1100 ～ 1600 元
电话：0888-3076006
地址：玉湖村下村 7 社

WUAITANG
"吾爱堂"：

吾所爱之堂

从"燕子"到"吉祥",
一切都是最好的安排

　　每个人都会有一件心心念念想要做的事情,很多人到丽江都是为了寻找,是不是还有另一种幸福人生?燕子第二次到丽江时,便开始寻着答案的线索找到现在。

　　如果只是想开一间客栈偶尔安放一下尘心,本不需大费周折,而燕子要开启的是完全颠覆过往的下半生。于是,了结了在重庆打拼了十几年的"商业小江山",揣着所有的家当,来丽江寻找一个足以安放未来的纳西族老院。看了上千个院落,当在束河走进"吾爱堂",燕子只看了正在秋日里草木凋零的前院,几百万的转让费就付掉了。不管是看累了不想找了,还是一眼着迷,我们都统称为"缘分"。

　　燕子花了三年的时间让吾爱堂成为自己想要的模样,设计、装修、采购、软装,每一个细节都亲自操持。终于在古镇中心的拐柳巷内,有了一处"出则繁华,入则宁静,心安之处,吾所爱之堂"。

　　云南有的是好茶,泡茶是客栈老板的基本技能,一位仙气的妙龄少女主动上门教茶。见到师父的第一面,燕子庆幸着小愿望成真的同时,也预感着人生将有大事发生。她没有想到,吾爱堂带给她的人生改变,比表面的生活方式颠覆得更加彻底,这位师父开启了燕子的佛缘,现在她叫"吉祥"。

从此,开客栈成为一场人间修行。

从前是繁华都市里的物欲女郎,逛商场、约美容院,每天的乐趣除了管钱便是花钱。如今她整日劳作、粗茶淡饭,没有时间再计算入账和出账,只要今天吾爱堂还有钱开门待客就好。

每天要发自内心地开心,然后逗员工开心,逗客人开心,她知道很多人都是当初的自己,过得开心踏实哪会独自出这么远的门?

她也不强行灌输佛理,只是分享着善良的种子,晚归时偶尔提醒一句晚睡对身体和运气不好或是邀请一起吃顿素食排排毒。

当初装修最辛苦的时候,她曾想着开业后就出去环游世界,如今是再也出不去了,再也不想出去了。她从来往的客人中学习着"大千世界",做最好的自己,把能做的每一件事情做到极致,然后其他的都交给时间,因为"一切都是最好的安排"。

"吾爱堂":吾所爱之堂

老院里的森林与四季

"你是给自己造了座森林吗?"束河古镇里可以远眺雪山、近赏田园,但走进吾爱堂,还是常常有人这样问吉祥。不只是因为院子里的树木花草森林般的葱郁盎然,还有森林的清静与自然气息。

纳西族民居典型的构造布局是"三坊一照壁",小院种花,大院植树,再引水入院、配以亭台,就成了满院的景致。吾爱堂的前身就是这样一座有着百年历史的纳西民居,吉祥想要留住老房子的灵魂,决定最大限度地保留老屋的样态。

或许终究主人才是民宿最好的设计师,会倾注毕生对于生活的理解与寄予。吉祥开始自己设计,不会电脑制图,就用铅笔不断地描画和修改。想要的是一个有温度的家,所以不需要程式化的设计;想要最大限度地保留老屋的美,就无需改变层高,老有老的味儿,矮有矮的巧;一砖一瓦是古人的智慧,所以门窗不要任何的现代五金……十遍二十遍,吉祥终于描绘出想象中的模样。

每间房取一个禅意的名字,每扇窗外对应一方与之呼应的独特景致。

至真:三面无敌窗景,室内和室外巧妙衔接,仿佛置身在大自然中,听风览绿,寂静欢喜。

至善:大片玻璃窗前辟一处茶台的位置,窗外是棵很大很老的核桃树,任窗外四季更迭,且听风吟,且煮茶香,与小松鼠只是一窗的距离,与冬日暖阳,却是一整天的约定。

青莲:窗外,青莲亭亭,入土三分,出水三分;窗里,入世的人,出尘的心。

虚竹:前花园和侧花园,竹林掩映,花团锦簇,门前石缸,小鱼浅潜。

……

"吾爱堂"：吾所爱之堂

勾画愿景是心动之际的浪漫,而从图纸到现实却需要磨人的坚持与执着。

淳朴是老屋的灵魂,百年的本地老栎木和印尼老柚木是最得当的材料,然而寻找老木料和各种小物件,收获与时间总是不成正比,吉祥常常在山里寻到天黑。收集到好木料,再设计好每件家具的样式请工匠大师制作,院内则聘请古民居修缮队装修施工。

需是整片无拼接的玻璃才能将院落的景致完美地引入茶室,这块玻璃运入古镇时吊装的阵势,让镇上的人知道了将有一位执着的老板娘。

"吾爱堂"：吾所爱之堂

在施工现场，吉祥既是监工也是搬运工，常因为提了太苛刻的要求而被装修师傅骂哭，搬运中受了伤便拄着拐杖继续监工到开业。

终于，两年的时间，"吾爱堂"的一屋一瓦、一草一木、一桌一椅、一杯一盏，简单拙朴中带着吉祥的气质与温度，成为束河最美的庭院。从此她的生活、工作、家都安放在这里，放下了在繁华都市里累积的浮躁，在院内或房中，静看四时变化。

春天，前院紫藤绕檐，每当花期，紫藤从古朴沉静的老屋檐倾泻而下。

夏天，后院芭蕉掩映，荷花满池，风过竹梢。

秋天，斑驳树影摇曳在墙壁，松鼠在林间出没。

草木凋零的冬季，吉祥会开车去山里捡枯枝野果，搭配腊梅与鲜花放入土罐中。

院子里雨打芭蕉、疏竹映月、紫藤绕檐，一步一景，土陶里一把芭蕉叶或一支粉荷花，四季便也在屋内更迭着。

吉祥用心呵护着这片森林，守护着自然的枯荣与花期。

"'吾爱堂',是一个去了会将心留下的地方"

吉祥关闭了 3 间房,哪怕是一房难求的旺季,也坚决不再打开了,因为她想给客人最舒适的空间。

每个房间内都彰显着吉祥对生活品质的要求,她说,用了不好的东西,自己都觉得对不起客人。青瓷茶具旁有普洱和金边玫瑰,床头的加湿器已打开,被窝已暖好,浴巾在毛巾架上热着。她虽然习惯性做减法,减到最后不是冰冷,是舒适有度、毫无负荷的温度。

"吾爱堂"的餐厅很小却充满元气,早餐是当季的蔬果和素食粥点,如果是冬天,桌旁会有一盆正烤得咯吱响的炭火。虽不提供正餐,但厨房里每天都有一锅桃胶银耳雪燕备着,饿了,便来一碗。吉祥常常邀请客人一起吃顿素食排毒,冬天的夜晚,和她一起坐在蒲团上,围着炭炉烤火,炭炉上的铜锅里"咕咚咕咚"煮着满锅的菌菇和鲜蔬,清心而美好。

吉祥很少出门,她说学佛太晚,已经没有荣幸和精力打坐礼佛,守好这个院子,分享美好也是践行佛法,所以她全身心投入终日的劳作,然后为客人焚香煮茶。有苦脑和疑问的人才会出来寻找,于是,各自的欢喜和忧愁在杯盏之间娓娓清谈,一起寻找烦恼的解药,照见真心,也遇见更好的自己。吉祥的吾爱堂是身体与心灵的栖息地。

　　得过"金钟奖"的制作人彭维昱先生带太太来度假时便爱上了这里。如今，一有时间就双双从海峡对岸飞来，彭夫人说："'吾爱堂'，是一个去了会将心留下的地方"。

　　经营客栈是件辛苦的事情，并不是想象中的岁月静好。最忙碌的一次春节，加上吉祥自己只有两个服务者，客房却每天都是满的，于是从早餐、布草、庭院打扫到夜晚守最后一个客人归店后便和衣而睡，她说，最困难的时候都度过了，以后哪怕只剩我一个人也不怕了。

　　从细节极致到内心深处的善念与分享，是吉祥自己所寻找到的第二段人生的答案，珍惜每次遇见，把爱分享给每一个有缘人。

赴百年时光留予的一场花期

"吾爱堂"的紫藤花期是束河的一场盛事。没来过吉祥家,却转发过"吾爱堂"紫藤花开的美照,这成了很多到来的新朋友初次见面时惊喜的缘分。

为赴这场百年老院的花期,远方的客人常在赏花之时便向吉祥预定下一年的房间,她常劝说花期不稳,不着急订房,却还是都被订了出去。于是每年的二三月,古镇的游客渐多的时候,吉祥常常搬把小椅子坐在前院里,远远地看着还在酝酿花期的紫藤,心里的发愿常常脱口而出,成了与紫藤老树的对话:"一定要开好一点啊,开多一点啊,不能让客人白跑一场呐。"

紫藤花开,这是时光赠予百年老宅的礼物。赶赴花期的朋友们陆续来到,主人吉祥在院落里,帮提行李、清扫庭院、待人接物、焚香煮茶,窈窕素雅地过着她最好的生活。

"吾爱堂"：吾所爱之堂

掌柜心语

最初因为向往美好的田园生活，后来变成了责任和使命。这里的日常便是我的修行，在每天每事中成长，保持着良善真诚与奉献，才不辜负所有的相遇和善待。常有客人说"一定要坚持"，这便是我坚持下去最重要的理由。

——吉祥

基本信息

店名：丽江吾爱堂客栈
房量：12间
价格：RMB 685～1500元
电话：15123503930
地址：束河古镇拐柳巷1号

WUMOQINGLU
"吾莫·青庐":

从储茶库到嵌入式文物酒店

初心：雪山脚下的储茶库

莫北的这十几年，从建筑设计师成为茶商，又因为茶重新做回设计师，为茶也为自己造了一个家。

因为一次户外远行到访普洱茶山，在完全不一样的天地里，莫北感受到从未有过的心的纯净，不知不觉中收藏了一屋子的茶，此后的她常常主动请缨到云南出差。

喜欢茶或许是基因里的天性，因为父辈也是爱茶的，往茶山里跑得越多，莫北越确信，建筑工地不是自己的地方。"你确定要以卖茶为生吗？"这是前老板最中肯的提醒，她的回答是"确定"。

茶季里从一个山头翻到另一个山头，收获装满仓库。剩余的时间，在大研古城的茶铺里，喝茶、卖茶，守着新茶变老茶。

爱好一旦成了生意，就总少不了商贾之道背后的计较与轻视，莫北觉得茶少了份应有的尊严。从 2013 年开始，她想找一个"器"，装茶，也装下自己所有的梦想。盘旋了几年的想法，常收到朋友的建议，比如"来学茶住在哪里？"于是，由一个茶库开启，规划中的房量越来越多，最终构思出的是一个庄园式酒店的规模。

"吾莫·青庐"：从储茶库到嵌入式文物酒店

　　玉龙雪山是丽江最大的能量场，守护着山脚下古老的纳西族。莫北选择在白沙古镇外的自然村里坐南朝北，仰望雪山，也似归隐山林般地隐逸在纳西族的古朴宁静里。

　　在雪山下的储茶库，继续以茶为生，以茶会友，茶艺教学，一壶一盏中，感受时间的最真实的节奏，是莫北的初心。

莫北的"嫁妆"

　　哥哥赵青喊莫北回家,在"青庐"前挥笔写下"吾莫"二字,"青庐"是南怀瑾给赵青的家所取的名字,她没有想到,哥哥会把这个名字赠给自己,尽管从设计到营建,受了哥哥太多的协助。

　　赵青将自己对容身之"器"的理解集大成于"吾莫·青庐"的建筑里,莫北从小成长在哥哥身边,对所有的理念也已深谙于心。没有繁冗的建造元素,用青石、玻璃和钢筋作为主体材料共同构建出开阔的空间意境,古典中式结合后现代艺术是"青庐系"一贯的风格。

　　"吾莫·青庐"不太好找,青石,淡淡的军绿色,是融入大自然且常常被忽略的色调。而一旦寻到了,就会一眼认定是它,从"太阳宫""月亮宫"到"青庐",大面积切割的青石、大片的玻璃门窗,不是常见民居的姿态。

1600吨青石，六面打磨、现场切割、磨砖对缝，进行肌理感处理后人工堆砌。不断重复的拱门和照壁作为立柱支撑起整栋建筑。传统的八卦阴阳纹样对称呈现在拱门两边，不断重复的对称是东方建筑之美。青石隐藏着自然的神秘和灵气，简单的棱角和线条就是力与美的融合，勾勒出庄严而舒适的仪式感。

自然光透过大面积的磨砂玻璃折射进室内，带着树影的斑驳映在青石墙面上，节能环保的同时，也收获了光与影的流动。

方钢辅助着青石棱角间的线条美，同时也是室内辅助光源的线路走向。用点光源连成线，线连成面，6500盏节能灯，绵延了3000多米，将整栋建筑照亮。

如果只为一张床,何必大费周章地住到别人的家里?"吾莫·青庐"的公共空间比房间多,每层楼都有客厅,每个客厅又被分出很多小格局,每间客房都有客厅和露台。既在这里休养生息也在这里交流互动,与主人,与志同道合的朋友,也可以是与自己。

三棵清香木,一棵300年,两棵500年,隔着客厅穿堂对望,每一棵都提供了无数个观赏角度。文献记载,清香木由古印度赠给大理佛国,晒干后的叶子研磨成粉即是敬佛的香料。

房间内的家具大多是由檀香木制成的明式家具,檀香木有缓解疲劳、安抚神经的效果,东方人的传统意识里总是对檀香树情有独钟。

青石、清香木、檀香木都来自大理,来自赵青,石头厂积累的青石料、种了多年的树,还有存了30多年的老木材,都成了给妹妹乔迁新家的贺礼。

东汉至唐期间,古人在住宅的西南角"吉地",用青布搭成帐篷作为拜堂的地方,新娘从特备的毡席上踏入"青庐",也从此踏入人生的另一方境界。清香木是菩提树的一种,菩提的花语是"夫妇之爱,白头偕老"。佛家习惯称檀香为"旃檀",意思是与人欢乐、令人愉悦。

"吾莫·青庐"里,因为有莫北的理想,所以有了长兄如父的赵青给妹妹的最深沉的"嫁妆"。

"吾莫·青庐"：从储茶库到嵌入式文物酒店

时空中的对话

穿上纳西族阿姨奉上的绣着古老图案的布鞋,走在苍凉又不失温润的青石板上,不自觉地顺应着建筑本身强大的气场探索着。赵青负责建筑设计,莫北负责软装设计及器物摆放,在莫北的介绍里,所有的细节都成了有趣的故事。

"苏州的一处老宅出售,赶去的时候大门已被别人买了去,只剩这对鹤雕门当,当年不知道放在哪里。"门当有对联"林峦环绕佳城固,云水依流世泽昌",这是中国读书人的理想。同是经历了大自然的千锤百炼的石头,因为有了人的参与,门当与造屋的青石有了各自的文化年龄,在一起便形成了一组关于时间的对话。

循着类似的线索,会找到很多关于对话的小场景,无声无息地融合在"吾莫·青庐"所设计的生活里。来自山西的过门石是莫北一句戏言而挖出巨碑的奖励,400年前的过门石在这里回归其本身的功能,融在了青石板之间⋯⋯

莫北常担任佛学法会的泡茶师,也曾经跟随释永信方丈到印度、尼泊尔等地朝圣,游学释迦摩尼佛出生、成道、讲法之处。茶在继哥哥赵青之后开启了莫北更深厚的佛缘。

这里有一些临摹画与拓片,包括敦煌第59窟的美人菩萨、敦煌第157窟的文殊菩萨、北魏的佛像、吴道子的《朱砂观音像》等,从印度带回的各式佛像摆件,还有不久前刚刚展览完的唐卡,莫北家随处可见的佛不似在庙中常见的庄严肃穆,一尊尊、一幅幅都呈现出自在的美感,佛在这儿作为一种美而存在,至于佛法,自在体会。

跟着莫北的介绍,看精致玲珑的摆件器物,赏跨越时空的文物,听每一个物件与她的缘分,像在时空中行走,却又不是一个维度的时空:素色的青石与艳色的软装,意大利的皮床与檀香木明式家具,刷了漆的崭新的椅子与裂了缝的老木桌,盘旋的老树根与精致的铜器,绒面沙发与旧石墩……充满撞击感的组合在建筑里无处不在。

作为设计师,莫北拥有融合所有元素的能力,若她不是设计师,也依然会如此呈现,因为这些是她生命的痕迹,构成了她对文化的理解,也构建了这一个个对话的场景,复古的华美与朴素的雅致,新与旧,中与西,无声无息的陈列里是强烈的时间的碰撞、力量的碰撞、文化的碰撞。

看多维度的时间在同一个空间里流动与对话,在无限延伸的瑜伽长廊里,感受身体的对话,到屋顶花园,发现"吾莫·青庐"正在与雪山凝视对望。然后,身在其中,照见自己,与自己对话。

这是莫北与世界、与时空的对话方式。

遇见莫北

住过"吾莫·青庐",就遇见了一段人生,遇见了真实的莫北。

虽然一景一物都堪称极致,但这不是一座豪宅,只是一份生活,屋里的一切,不管有多久远的历史,不管是什么材质,都是为生活在其中的人服务的。

莫北就真实地生活在这里,会为你煮茶,她走过的路、临过的帖、见过的世界、获得的馈赠以及她的亲情,一一在这里呈现。

茶季时她在茶山,其余的时间在这里以茶会友,也在院外"示单茶学院"的课堂上,从如何对待一泡茶的态度开始讲起,从茶艺讲到茶背后的中国道统文化、礼乐根基。

因茶结了佛缘,得了很多的人生修行与馈赠,所以她常去给佛教仪典侍茶,也将茶学院的所得全部回馈供养"三宝"。

这是一个嵌入式博物馆,里面是她的毕生所藏。

这就是莫北的生活,很丰富也很简单,爱茶、敬佛、恋旧物,还有对哥哥赵青的敬仰与感恩。

听了莫北的故事,回到房间,屋里的壁炉已经点上柴火,小心地发出"噼里啪啦"的声响。玻璃窗外,雪山亘古的沉静,光影在青石照壁间流动,茶罐里是莫北存了多年的"老班章"。

华灯初上,烤火、饮茶,回味故事,在光与影的重叠里,像身处一座璀璨的宫殿。入夜,拉下帷幔,安享睡眠。

在"吾莫·青庐",分享莫北的生活方式,一次度假,似一次修行。

掌柜心语

"吾莫·青庐"吸引的客群是先于他人意识到生命品质和生活情趣的一群人,是不易被物质打动的一群人。用出世思想入世生活,在实现了个人的生存和发展以后,投身实现更高的社会价值。商业空间的存在亦是如此,实现收益并不是终点,而是在合理分配的平台上,凝聚人气、物力、机遇,实现"多元、共赢"的价值链。"吾莫·青庐"以品牌文化及品质化场景内容为营销核心,"让空间成为一种高层次人脉场、能量场",也是空间的价值核心。

——莫北

基本信息

店名:丽江吾莫·青庐庄园酒店
房量:10 间
价格:RMB 3980 ~ 4980 元
地址:白沙镇东文村 40 号

NEVERLAND
"瓦蓝":

最早的新丽江人与最初的梦想

"瓦蓝"与"别人"

"瓦蓝",缘起瓦蓝夫妇。瓦蓝夫妇的故事,是丽江老一辈客栈人中一直流传着的传奇。

大学时的瓦蓝同宿舍的女生们共同读过一本著名的童话《彼得·潘》。后来很多年,瓦蓝都用着《彼得·潘》中"永无乡"的原文"Neverland"作为网名。这是她内心世界的一角:对天真岁月的留恋,与对成年必须进入成人世界的惆怅。她说,将来若开个小店就叫"Neverland",中文名叫"瓦蓝"。

23岁的瓦蓝第一次来到丽江时,兴奋地在宁静的小巷里奔跑,"世界上怎么还有这样的地方?就像我梦想中的故乡与家园!"回到深圳继续普通都市年轻人生活的她,时常梦回丽江古城,听小河流水,看云起云落。

三年之后,当"磨房"(国内著名旅行论坛)的"驴友"——"信天谨游"发布丽江宁蒗贫困山区急需支教老师时,瓦蓝瞬间做出了去支教的决定。从五彩缤纷的大都市到大山重叠的宁蒗,再次回到丽江,她看到了远方有着沉默贫瘠的土地和渴望求学的孩子。

也正是那一年,瓦蓝因参加"磨房"活动遇到了"命中注定"之人——为她支教牵线搭桥的"信天"在"磨房"的好友——"别人",于是两人先后到同一所小学支教。

他们的支教纯属民间行为,一切费用自理,不是有关部门组织的附加种种承诺的"准就业"活动。那一年的支教生活,瓦蓝一直认为,山村和孩子们所给予她的,远比她付出的多,在那里,她的心得到了真正的宁静。不是因为如今人们描述的"真正的奢侈品"——洁净的空气和水、天然滋味的食物、亲密相爱的家人,而是在物质匮乏、时常断电缺水的山区,回归内心之后的真实需求反而日渐凸显。

支教那一年的暑假,"别人"和瓦蓝跑回深圳登记结婚。2006年,结束一年的支教生活,他们卖掉了婚房,再次踏上古城熟悉的石板路,瓦蓝的多重身份终于在一个开满樱花的庭院中重合。

"瓦蓝"：最早的新丽江人与最初的梦想

"我是瓦蓝，14年前，我选择了在丽江古城开一家小小的客栈，还原生活的本色，在这里拾起对故园的念想，也为旧识新知搭建一个温暖的人文公社。这里的碧瓦蓝天定格为我们生活的底色，第一家客栈因此也叫'瓦蓝'。"

十几年间，瓦蓝和"别人"在云南的丽江和大理有了四个"瓦蓝庭院"，他们也在这里成立了一个民间公益组织——"瓦蓝公益"，在较为熟悉的朋友中募集资金和物资，定向捐助给金棉乡中心校和下属各"完小"——瓦蓝和"别人"曾经支教的地方。

二掌柜阿春

2007年的春天，有一个年轻人在中国的滇藏线上用脚画了一个圈——好吧，这是阿春未竟的梦想。从玉溪徒步600多公里到丽江后，他膝盖的旧伤发作了，句点从此落在了丽江。

那一年，"瓦蓝"的樱桃树刚刚泛红，黝黑壮实的阿春背着一个硕大的背包第一次走进这个小院。没有找到老板、老板娘在哪儿，他自觉主动地坐在了茶台前，开始煮水、洗茶、沏茶的整套工序，跟先住进来的朋友一起聊着天、喝着茶。快到吃饭时间，扎着辫子、一脸胡茬儿、沉默寡言的"别人"，曳着长裙、散着长发、一脸笑容的瓦蓝，像普通的房客一样，淡定地坐在茶台前，喝起了阿春泡的茶。接着，几乎全院房客出动，欢声笑语地一起吃饭，正是这种宽松而温暖的氛围，吸引了天性喜欢自由和朋友的阿春。

休整几天后，他出发，继续他的徒步。不幸的是，在70多公里外的虎跳峡，阿春的膝盖伤再次发作，回到丽江后，他毫不犹豫地回到了"瓦蓝"。知道"瓦蓝"当天已经客满时，他不慌不忙地从他的大背包里掏出帐篷，在那个能伸手摘到樱桃的平台上住了下来。有房间空出后，阿春也仍然驻守在帐篷里，开始了他白天泡茶、晚上住帐篷的悠闲丽江生活。在这几个月里，他收获了在丽江最早的一批朋友：闷骚的"别人"、成为干姐姐的瓦蓝、热情的摩娜、北京爷们儿大猪、温柔的芙……一长串名字在记忆里散发着温暖的光彩，之后的掌柜生涯里，更多的名字和笑容记在了他的心里，让他即便有时感到倦怠，也不得不承认，丽江在他生命中留下了最深的印迹。

那年的雨季，阿春收起了他的帐篷，回到了在他眼中无一不好的故乡玉溪。而在8月底，当"别人"和瓦蓝背着行囊，走上察瓦龙—察隅的进藏徒步路线时，一个电话，就把重情义、爱生活的阿春重新召唤到了"瓦蓝"，他有声有色地做起了二掌柜——要知道，早在他的"帐篷生涯"里，他已熟稔地开始接电话、订房、接待客人了。

"瓦蓝":最早的新丽江人与最初的梦想

晃眼之间,阿春在丽江已度过整十年。当年动辄骑行几千公里的阿春,终于"堕落"成了十足的"懒人+吃货"——瓦蓝夫妇曾经戏谑地在阿春的房门前挂过一副对联:"懒人聚集地,吃货集中营。"阿春很骄傲地接受了这两个名头:有朋自远方来,他背起背篓挥着锅铲,做着本地特色的美食,著名的"阿春肉酱"米线和"滚蛋炒饭"常常让朋友们垂涎三尺……就这样,阿春坐在院子的茶台前,看着客人们、朋友们来来去去,但每年一定要去四处旅行,看风景、见朋友、品美食……

以上是瓦蓝笔下的阿春,阿春的趣闻太多,篇幅有限,只在瓦蓝后补充一个小故事:某一年,在同一时间段里,全国各地的朋友就像约好了一样,齐刷刷地要来"瓦蓝",即便被告知房间不够,几个人挤一间也要来。有人行程不确定,只能在最后一刻订了头等舱的机票转机到丽江,喝了场大酒后再乘坐头等舱飞回去。这一切,仅仅是因为阿春在博客上感慨了自己的三十岁生日在即,这些朋友们就"奋不顾身"地调整了行程,飞越了大半个中国,只为来敬杯酒。

"隐寓"与"意庐":轻享时序生活

瓦蓝在丽江古城的两个院子,一个承载着光阴流转,叫"隐寓",一个盛放着诗情画意,叫"意庐"。

"隐寓"分别以节气作为房间的主题:春分、冬至、秋分、白露、谷雨、惊蛰、芒种、夏至……时节流转在一方小院里。这里能寻见昔日丽江客栈的影子,老木家具、老丽江的雕花手艺,床品和装饰是绚丽而浪漫的民族风情,厚重与古朴里还有可以一头扎进去的生活的自由和舒适。院子里,雏菊包围着鸟笼桌椅,没有人间嘈杂,只有懒懒的太阳与无忧无虑的美好。

"小隐隐陵薮,大隐隐朝市"。"隐"是"隐寓"的追求,真正的隐居,并非是远离朝堂、闹市,而在于内心的平静,在中国传统的"应时顺天"的质朴生活观念里。

大研古镇内有三条小河穿门过户,"意庐"就在贯通古城的一条小河旁,推开窗就能看见潺潺流水,临河花草葳蕤,正是想象中古镇的模样。春天,盛开着洁白如雪的李花,随着微风摇落一地细碎的芳香;初夏,一树累累的黄李,一口咬下的薄皮下仿佛一包糖水;秋季,橙红的柿子映衬着蓝天,预示着来年的"柿柿如意";冬季的暖阳依旧,照耀着院落里不败的鲜花和茂盛的绿植。

"意庐"的7个房间是7种迥然的浪漫。禅式风格的"清平乐",中式风格的"醉花阴"、地中海式唯美风的"清溪引"、公主风的"如梦令"、东南亚风的"风入松"、纳西风的"柳含烟"、摩梭风情的"浣溪沙"。

"别人"说:这个地方,注定会有更多意趣相投的朋友际遇、暂别、再聚,总有一些温暖的瞬间,在习惯相忘的旅途中,被唤醒。"意庐",忆庐也。

"隐寓"与"意庐",头顶都是一碧如洗的天,洁白柔软的云,院里装着满满的阳光和恣意开放的鲜花,当然,也有夏雨、冬雪,雨来了喝茶,雪落时温酒。"春有百花秋有月,夏有凉风冬有雪。若无闲事挂心头,便是人间好时节。"

这也是很多人钟情丽江的理由,在这里,可以真实地触碰到四季的温度。感受时序的变化,把被都市遗忘的自然节奏重新拾回。阿春在这里筹备着应季的手信和旅行线路,当然还有他最拿手的四季饮食,春天用传统方法泡制青梅酒,夏季烹制全菌宴,秋季共赏格桑花海,冬季寻梅煮茶,留住每个季节最值得记住的瞬间。

"轻享时序生活",也因此成为"瓦蓝"的品牌价值观——观四季流转、求六时顺意,让每一个季节、每一个时辰都有自己的意义。

掌柜心语

一家民宿从筹划、选址、设计、建设，每一步的坑都得小心绕过，开业后还得操心开源节流、服务品质、人吃马喂各个环节，民宿主不光得有体力、毅力，更得有定力。没有情怀不适合开民宿，但光有情怀肯定做不好民宿。

在我看来，未来民宿的发展趋势，是即具备精品酒店的软硬件标准，又富含烟火气和温度的非标度假氛围场景，它的机会在于：将当地有特色的人文、物产、体验植入民宿成为住宿产品外延，获得更持久的口碑和经营横向增值空间。

行业未来最大的竞争是流量的竞争，能不能通过产品、服务和文化特色积累用户，是每个想摆脱渠道依赖困境，成为自主、自在的民宿主应思考的问题。

——瓦蓝

基本信息

店名：丽江瓦蓝·隐寓&意庐客栈
房量：18 间
价格：RMB 380～1080 元
电话：0888-3193808
地址：古城区王家庄巷 18、67 号

YUESHANG
"悦尚"
的后勤部长与"向日葵"

　　悦姐，不擅攀谈，是忙碌的后勤部长，是姐姐。高姐，幽默善言，被称为朋友圈里的"向日葵"，是妹妹。悦姐是老板，高姐是店长，她们是丽江古城里的东北姐妹花，是"悦尚"的灵魂。

一份生日礼物打断的两个人生

"悦尚"的房间编号都以"57"开头,因为2013年5月7日,悦姐签下了院子,这一天是她的生日。

往前数三天,悦姐还是广州的商场女强人,"当飞机广播提醒降落丽江时,看向窗外的蓝天白云,心豁然开朗,走过全世界的大部分国家,却极少有如此放松的体验。"她决定买个院子做生日礼物,犒劳每当在城市里奔波到疲累的自己。当时的悦姐还不知道,以后这便是家了。

此时的高姐还在大企业里,踩着十厘米的高跟鞋,忙碌且焦虑着,个性签名"重压之下,优雅前行"多年未改。当挑战成为日常,便没有了激情与成就,只有高压下毫无生机的日复一日。如今,再回望曾经的职业生涯,她感慨,"到丽江才明白一个最简单的道理,原来事情分两种,一种能解决,一种不能解决。"

一个是逛遍全球的时尚买手,生活本身便诠释着品质的标准,另一个是曾经挑刺的甲方,对职场精英的个性需求有着精准的洞察,于是两姐妹打造的"悦尚"便跳脱出当时丽江古城里传统客栈的风格与经营模式。一年半的装修与开业筹备后,"悦尚"由高姐接手日常管理,悦姐回广州继续自己的服装与餐饮生意。

悦姐每年最幸福的时光便是累了到"悦尚"住上一周,而生命的警钟还是敲响了,在胃炎被误诊为胃癌的煎熬里,她每日感慨着最简单的人生态度,"哪怕一分钱没有,只要健健康康的就行。"带着确诊后逃过一劫的幸运,也带着所有医生"让生活慢下来"的建议,她放下了所有的生意,全心全意做一个缓慢生活的丽江人。

"来丽江不是为了做什么，而是为了什么都不做。"姐妹俩常常鼓励客人把生活放慢，"悦尚"的客人渐渐都成为待在院子里的度假者，而不是奔走于景点的旅行者。因为是度假，累了便会来，反反复复都成了回头客。姐妹俩由心而发的理念歪打正着地让"悦尚"的入住率没有了淡旺季。

"悦尚"的未来会是什么样子，姐妹俩并没有明确的目标，她们更多的是静静看着"悦尚"会将她们变成什么样子。

后勤部长的完美本性

常有客人喊"老板",高姐会远远地指着院子,"拔草的那位才是老板。"悦姐在店里总是"画风迥异",穿戴着一身时尚大牌,却在角落里做最基层的工作,客人很少留意到她,店员却知道她无处不在,戏称她为"后勤部长"。

"人如逆水行舟,不进则退",这是悦姐的座右铭,生活方式的转换并不能改变商场打拼多年形成的追求完美的性格。

美好的一天必须从完美的早餐开始,胃炎治愈之后,悦姐格外注重食材,也让"悦尚"的早餐变得不计成本。不买任何专供酒店的食物,亲自买菜籽压榨食用油,鲜核桃上市的季节,每天埋头剥皮三四个小时,为了第二天早晨有道新鲜的琥珀核桃仁。她最喜欢听到客人说,"早餐太好吃了,我多吃一点儿就不吃午餐了。"

客人用早餐时,她在一旁烤面包、煎鸡蛋,然后和厨师一起清洗厨房并准备员工午餐。午后找个阳光最好的角落看会儿书,然后打扫院子、整理花草。

基层的忙碌不妨碍对生活有品质要求的她做一个精致女性,戒糖、瑜伽、跑步、爵士舞、护肤,对工作的热衷已无法改变,唯一改变的是,她让所有的生意像现在的生活一样阳光、精致与简单。

　　茶使人简单,人却使茶复杂,常有客人买完茶会失望,与她们一起感慨茶叶 "70%消费的是故事,30%回家成了事故。""悦尚"需要以茶待客,客人更想买到好茶,姐妹俩试着跑了趟茶山,才发现茶叶本身便是明码实价的。悦姐善于以逆向思维做生意,她选择好的原材料,制定合理的价格,先将茶批发卖给茶商,得到专业人士的认可后便顺利打开了市场。

　　悦姐的茶叫"悦茶",悦茶没有故事,只有品种、产地及口感的描述。客栈里有很多茶叶毛料供客人压茶和蒸茶,体验完成"生普"的最后一道工序。"悦尚"的茶艺师可以进入房间内给不喜热闹的客人单独泡茶,却绝不许提卖茶。

　　当"悦尚"成为悦姐唯一的事业时,便也像悦姐一样,总是在追求着完美。每年都有停业工期,少则半月,多则两个月。精致的花格窗虽然漂亮,客人似乎更喜欢丽江的阳光,于是将花格窗改成落地玻璃窗,拉开窗帘便是满屋的阳光;原本租出去的铺面收回来,改造成供客人自由互动的茶室;两个院子之间加间玻璃房,就成了很多客人最爱发呆的角落。"悦尚"的回头客很多,大概也因为这里永远有看不完的惊喜。

　　追求完美的本性不改,但悦姐的生活却发生了质的改变,悦姐说,因为有一份虽然忙碌却零压力的事业。

朋友圈的"向日葵"

悦姐:"你只要像阳光里的向日葵一样在客人中间就好!"

高姐:"然后晒满脸雀斑,是吗?"

东北人本就自带三分幽默,高姐却像是已经修炼得道的"段子手"。没有人两个小时内能从高姐的茶台下来,聊到肚子大声抗议才缓过神儿来下茶台吃饭。有客人"打飞的"来专为唠嗑,临走了还要打包,"攒了钱回来买你的嘴"。于是高姐的外号越叫越响:朋友圈的"向日葵"。

在高姐的茶台上,所有人都没有来处,只有当下的天南地北、政经八卦、旅人故事、古镇传奇。脱去外壳,放下角色,像好久不见的老朋友,彼此传递和接收着正能量,这也是高姐快乐的理由。从朋友到朋友推荐的朋友,她都用"超贵宾级"的接待方式,不让介绍人丢了面子、失了信任。

能聊到客人心里去的善解人意用来内部管理自然更不在话下。制定管理制度的同时，有温度地照顾员工，员工再回馈给客人有温度的服务，而不是千篇一律的假面微笑。在离职率很高的古城里，高姐让"悦尚"的员工保持着多年的稳定。

对外服务、对内管理，高姐没有令悦姐失望，"悦尚"的淡季也保持着80%的入住率。

她的生活也已经彻底被丽江改变。"一次回老家，老领导请帮一个忙，面对曾经最熟悉的事情，才发现自己再也回不去了。"曾经哪怕面对不合理的要求也会礼貌地据理力争，现在当客人边录着视频边与她争执时，高姐也会插播问一句"有没有开美颜？"曾经面对问题时，表面迎难而上，内心却在逃避，现在却希望客人找她，解决问题反而成了乐趣。高姐常和店员说："不要害怕和客人'过招'，因为每一次'过招'之后一定是好评。"

当心静下来不再纠结于小自我，眼睛里才会看到平日里忽视的角落，姐妹俩救了很多流浪狗，如今整条街的宠物狗都是从"悦尚"救治好再送养出去的。

"开客栈就像养狗，或许它不能陪我们走完我们的余生，但是我们愿意陪伴它走完它的余生。没有什么能比'悦尚'带给我们更多幸福感的工作与生活了，姐姐做一天，我做一天，"高姐说，"每天都很忙碌，但是心不累，这才是生活。"

"悦尚"的后勤部长与"向日葵"

掌柜心语 ——

过去是活着，现在是生活。我热爱原来的事业，但每天心里都有块大石头压着。"悦尚"是零压力的事业，更是我的生活。

——悦姐

基本信息

店名：丽江悦尚高级私人客栈
（更名为丽江悦里酒店）
房量：20 间
价格：RMB 580～1780 元
电话：0888-5188200
地址：丽江市古城区七一街兴文巷88号

YOUYIJU
"又一居"：

六亩天地任徘徊

神秘的唐先生

"又一居"的唐先生名声很大,却少有人见过他的"庐山真面目",其实他常常在,偶尔与客人谈笑风生,随和风趣,也时常拿本书、泡壶茶在树下坐一下午,像个度假的客人。

"又一居"最初的十年,是唐先生的私人会所。

在城市的钢筋混凝土中关得太久,都会渴望清风拂面、泥土芬芳,在风光旖旎之处,有另一个迥异于城市生活的家,这是很多城里人的梦想,2008年,深圳的唐先生选择了丽江。

束河曾经也是"茶马古道"的重镇,因为商业起步晚,不如众所周知的大研古城繁华。纳西族的老人在河边洗涮,河水清澈,青石锃亮,对于唐先生来说,正是微风不燥,阳光正好。

朋友给唐先生介绍了院子,"又一居"诞生了,作为避暑、休息、养生的私人会所,自然是享受生活的最高配置。

田园与园林向来是中国人挥之不去的情结。四亩地的院落是否够暂且舒展一下情怀?显然还不够,2014年,唐先生把院子从四亩扩到了现在的六亩,安放田园的宁静与园林的雅致。

古民宅、青石路、石灰墙、花格窗、老木家具、四季花果构成了纳西族风情的古朴大院，樱花、梨花、石榴、桂花等，春天里百花争艳，秋天里瓜果飘香。各个院落之间，水榭亭阁、曲径通幽、树木成荫构成了园林的典雅。

追求一份隐逸与诗意，杂糅乡愁情怀，这是唐先生给自己的一个远方的"家"。常常从城市逃到这鲜有人知的小镇里，享受生活本来的样子，有时约上三五好友，围炉夜话，把酒言欢。于是从朋友到朋友的朋友，没人会拒绝这份美好与从容。

十年里，"又一居"的朋友越来越多，院落也饱经风吹日晒。日子总要向前看，生活也要变得越来越好，唐先生再次全院装修。"又一居私人会所"正式更名为"又一居园林度假客栈"，开放接待天南海北的朋友。

偶尔是主人，常常是客人，唐先生总是这样神秘，因为"随心所欲，可以为家"，这是他对这里最初的定义，现在"又一居"是很多人的家。

四季庭院

踩着青石板阶走过石桥，木质的门廊和石墙更像一间居住着纳西族人的老院子：上了年纪的老房子，白墙青瓦，木栅花窗，外墙多已斑驳，墙面剥落处又攀生出许多的藤萝蔓草，随风摇曳。

西院是迈入"又一居"的第一个院子，也是公共区域最大的院落，进门便是一个草坪，中央有座茅草亭，樱桃、苹果、桂花等树在四周环绕着，这是读书、喝茶、赏花、晒太阳的不二之地。右手边的大厅里，阳光照在用竹子编制而成的灯笼形吊灯上，光影流动。墙面上是唐先生收藏的字画。

东院都是复式的房间，一楼是客厅，二楼为卧室，透过宽敞明亮的落地窗看满院的风景。门旁两排绿竹，三角梅在两侧四季盛开，墙壁上的常春藤漫无目的地生长。秋季里，院子中间的老银杏树，满是丰收的颜色。到了冬季，腊梅盛开，柿子树在蔚蓝的天空下硕果累累。

东院是唐先生之前的私人庭院，四周环绕着流水的屋子是他藏酒的地方。如今，只留一面实墙，以木质为框架镶嵌着的玻璃将阳光引入室内，是兼具私密与光照的室内空间。顺着纳西族晒玉米的柱子做成的楼梯到负一楼，越过书架到达壁炉，一块"酒不醉人"的牌匾对面便是酒窖。围着壁炉三五好友把酒言欢，或者从书架上拿本书独饮，在这里"酒不醉人人自醉"。

"又一居"：六亩天地任徘徊

东北院是餐厅，进门是 10 米高的吊兰墙，一边有绿竹，另一边是一颗大李子树，然后才看到厨房和餐厅。偌大的院落只作为餐厅就可惜了，享受美食之外，在紫藤萝的亭子下独处、发呆，还有一片大草坪可为席。这里也是松鼠们享受美食的地方，每到秋季，院子里的百年核桃树就是松鼠收获果实的天地。

北院有一间楼层最高、面积最大的客房——120 平方米的雪山观景房。在阳台上俯瞰全院风景，向北可眺望玉龙雪山。草地上的水池旁边有阳光玻璃房，白色的窗帘，酒红色的绑带，屋顶流动着循环水，房间里面有 3 米宽的大茶台，5 月里有两棵樱桃树令人垂涎。

"采菊东篱下，悠然见南山"的生活虽然还是有点遥远，但在这四个院落里，四季花常开，应时果不断，足以让生活充满生机。大片的草地上，孩童嬉戏，猫狗打盹儿，大人们闲话家常，抬头是蓝天白云和雪山，院内是一个鸟语花香的生态园林，安放了所有理想生活的小场景。

年轻的主人们

第一次走进"又一居",一群年轻的姑娘在阳光下的大庭院里,谈天说地、逗狗喝茶,美好得令人不忍打扰,还以为误闯了私宅。

陶子说"丽江是一个有魔力的城市",于是她毕业后选择长住丽江。她喜欢独处,捡来的枯枝和不成体系的花到她手里都会幻化成一道风景。作为店长的她,爱笑而随和,操持着院内的一切,总是第一个上来询问客人的需求。

晓儿,生活在束河已将近7年,有着湖北人的幽默风趣与勤劳干练,喜欢攀岩、骑行。

谌谌来自湖南,爱运动、爱探险,周游完"北上广",终于在丽江安了家,因为在这里,不用去远方,出门便是一次徒步旅行。

每个姑娘都是"丽江通",风俗人情,旅游线路,无所不知。她们的旅游攻略都在行动里,带着客人去爬本地人才知道的无名小山,去菜市场买最原生态的食材回来共享美味,在大院里喝茶晒太阳,拉上淳朴的纳西族工作人员拉家常。

安安、玛雅、金金,三只大白狗在院子里玩了十年,现在又有了一只黏人的小猫,院落之大,随处都是它们的游乐场。

闲时遛狗喝茶,忙时全力以赴,这群年轻姑娘是"又一居"真正的主人,因为唐先生的主人姿态只会偶尔在线。

掌柜心语

十年前,"又一居"落成,朋友赠诗一首:"一箪食,一瓢饮,在陋巷,有其乐!玉山白雪,绿树红花,不识冬夏,正好春秋。有情系相思处,独乐乐;有朋自远方来,众乐乐。三亲四故,随心所至,可以为家。"十年来,不改初心,愿与朋友们共同拥有这个家!

——唐先生

基本信息

店名:又一居园林度假客栈
房量:28 间
价格:RMB 580～1580 元
地址:束河古镇开文社区东康 6 组 23 号

YOUNARIAN

对话"月隐":

情怀之后的商业如何平衡？

受访者简介：王亮，"月隐"创始人，穿越滇藏、登顶珠峰的旅行达人，"魔都"创业者。

Q：从事民宿的契机与初衷是什么？
A：

我喜欢玩户外，丽江是我的中转站，从这里进藏或从藏区出来。从2003年到2014年，每年都会在丽江住几个月，当时住在"待月西厢"客栈，跟他们一起玩儿，很开心。"待月西厢"的团队想做一个更高端的新民宿品牌，一直在找院子，我就跟着他们一起找。

中国美院的王海波教授很早就作为设计师加入团队了，他也觉得丽江常见的院落和房间的空间都不够大，很难做高端。在古城里找单体大院子不容易，必须是格局没有被破坏过的一手房源，还要考量具体的位置。

我想象着在丽江有个院子应该特别美好，能赚钱，还能把个人的情怀放在其中，于是加入合作，与"待月西厢"的老板、在丽江做房地产的大哥，三个人一起做这个项目。

Q：在选址及建设过程中,"月隐"的理念是如何呈现的?

A：

我们找到了丽江古城里最大的单体宅院,前身是牛氏府邸,是古城里少有的受保护建筑之一,没有经过转手,还是一百多年前的格局原貌,处于古城里最热闹的忠义市场旁边,花了一年的时间找到它很值得。

"月隐"的名字最初就定下了。"月照玉龙映,花间木府隐",有纳西族"七星伴月"的文化情结,也有小隐于野、大隐于市的用意。我们特别希望有一轮月亮在院子里,抬头仰望天空月亮的阴晴圆缺,庭院中的水景灯光的月亮造型也会随之变化,一定很美。

"月隐"定位艺术酒店。

古老的生活印记是最醇厚的艺术气息。纳西族崇尚自然,他们的宅邸都是"四合五天井"的格局,青色的飞檐瓦楞上坐着吉祥物"瓦猫"。我们想保留下纳西传统建筑的外部特征与内部格局,没有按照五星级的标准推倒重建,用的还是原来的柱子和横梁,还在残垣断壁里找出可以利用的石材、门窗等部件,修复后再利用。修建完成后,古城管理局曾来测绘,跟原先的格局基本没有差别。我们只是为老骨架注入了血肉,让老房子更有情感,让它重新焕发生命。

将细节打磨到极致也是一种艺术。冷静、规整、精致,是作为江浙人的我理想中的院落。丽江院子的细部风格是很粗放的,我们把苏州园林的精细融入了进来。"月隐"的老板、设计师、建设团队、运营团队都有江浙元素。

中庭造了一处水景,院子中间有一坛水,水里有月亮的影子。丽江的院子很少有水景,古代的江浙人对月亮很有情感,很多的诗词都离不开月亮。我们叫"月隐",也有这层意思。

一楼的房间都有小院子,大宅小院在江南园林里比较常见,有着极佳的私密性。门窗的条格、马蹄格等部件大都是东阳的纯手工木雕。施工团队对每一个部位都进行了精细地打磨。建筑空间的棱角里,融入蜡染、刺绣、花草,带来了温柔的调和。

院子外围的石墙隔开了两个世界,院外就是古城最繁华的市井生活,墙内自成一方"桃花源"。一层有8间水系庭院花园私墅,推开门,阳光下的鹅卵石小道旁鲜花盛开。二层有8间观景房,远眺玉龙雪山,风卷云舒,丽江的慢生活和无限风光就这样浓缩进四方庭院之中。

Q:"月隐"的客群定位,运营理念及目标?

A:

在建筑的外在呈现之外,我们钻研一种美好的生活方式的互动,一种旅居文化。

"艳遇"这个词成为丽江的符号,广义的理解是一个美好的形容,不应该去狭隘地定义。艳遇是遇到美好的事物,碰到一个志同道合的朋友,被玉龙雪山的美景震撼,喝到一杯惊艳的威士忌,所有脱离了固有的生活圈子感受到的新美好,都是艳遇。

近十年来,我的好朋友都是在丽江认识的,包括一些合作伙伴。丽江本身具备一种特性,能让人放下所有的防备。丽江民宿的温度不仅来自于店内,也来自所有到这里的人。

我们希望创造一个空间让这种特性得到完美地诠释。"月隐"的客群画像是 25 至 45 岁,有生活品位和爱好。以一种分享美好的生活方式吸引同类人,把有共同爱好的人聚集在一起,一定能迸发出新的能量。

丽江古城里有风格各异的民宿客栈和酒吧,"月隐"将民宿与酒吧融为一体,为住在这里的朋友提供更多的交流空间。白天,它是一处咖啡馆,有西式简餐、茶和书。晚上,它摇身变为风格别致的清吧,伴随着院落的美景和音乐,有柔情肆意的红酒,辛辣的威士忌,高颜值的梦幻鸡尾酒。同样在这个空间里,会有定期的交流活动,如主题音乐会,邀请当地歌手分享音乐故事,更多是针对入住客人的属性而组织的分享茶话会,比如女性客人比较多时,会有化妆品沙龙。

逛菜市场、看本地人最真实的生活样态是了解一座城市最好的方式。私人管家会带着客人到隔壁的忠义市场采购食材,然后在厨师的带领下一起做纳西美食,烤羊、野生菌盛宴、米线、鲜花饼……厨房成了美食达人的沙龙。

我们不断在开发线下活动,虽然现在大家有很多渠道可以满足沟通需求,但来到丽江,还是会更真切地体会到互动的美好。江浙的城郊度假是短途旅行,丽江是长途旅居,因为必须待上一段时间,也就有了更多的交流机会。

"月隐"的运营目标是打造成一个关于生活方式的IP,类似于无印良品。无印良品现在也在做酒店,我们是反过来做的,先以酒店呈现一种生活方式。我在上海专做品牌企划,清楚地了解打造品牌需要先有载体,"月隐"将是一个提供优质生活方式产品的地方,是品牌产品展示的空间。

Q:"月隐"经营现状如何?梦想与现实是否有差距?

A:

开业近三年的时间里,"月隐"整体运营平稳,并没有很火,也没有很差。其实我们的客户和众筹股东的黏性是非常强的,但是运营时间短,积累并不够,不足以满足现在的客群量需求,作为单体店确实会更难一些。

我做"月隐"是因为喜欢这种生活,更多偏情怀,欠考虑运营的问题。前两年的入住率在60%左右,我不喜欢人多,觉得这个数字足够了,但从经营上讲是不对的。情怀固然好,但也得吃饭,今年我的思想有了很大的转变。

我们线下运营团队没问题,但是销售欠缺一些,现在的客流都是通过"粉丝"口口相传来店里的。今年我的企划团队会介入"月隐",从线上抓取更多的流量来实现销售目标,同时线下运营服务继续加强。

原本希望2020年能有突破,计划被疫情打乱了,恢复之后将继续。我认为将"月隐"做成一个生活方式的IP,方向是没有问题的,只是之前的落地执行力不够。前几年主要是练"内功",把产品做好,继续打造IP。不过目前民宿行业本身是有困难的。

Q：经营民宿的快乐与痛苦是什么？

A：

看着它从无到有，就像自己的孩子，每有一点儿小进步都会很开心。不管是做人还是做事都让我成长，认识了很多朋友，我的性格是很喜欢交朋友的。

比较焦心的事情也有很多：最初租院子时与当地人有沟通风波；在建设期，要呈现出完美的效果，需要不停地调整，导致我们的工期拖了很久，预算一超再超，这是比较实际的痛苦；在经营方面，住满了客人会焦虑，没有客人会痛苦，不可控的状态可能是很多民宿的常态。

认真做一件事情的牵绊很大，我喜欢玩儿才到丽江，现在已经很久没有出去玩儿了，上海的主业也受到了很大的影响。

去年参加一个民宿论坛，现场所有人还在谈情怀，我是唯一一个泼冷水的。情怀大家都有，但是当你投了很多钱、很多情怀进去，最后发现只剩下情怀以后，会有很大的落差，只有到运营的时候才知道痛苦。要坚持情怀就不能太商业，如果太商业，情怀的初心就没有了，这是非常为难的事情，在情怀与商业之间需要找到平衡。

Q:"月隐"会坚持做多久？如何看待民宿行业的未来？
A:

生活方式的IP概念，不仅是民宿本身，还可以继续研发新产品，这是一个品味生活的项目，我认为可以做很久。

有时候会反省，或许是时间不对，如果我十年以后再做，可能和现在会完全不一样。

情怀一直有，因为当现实坚持不下去的时候，坚持就是情怀，目前而言，我需要全力把"月隐"经营下去，未来的行业发展如何，现在无所知晓，我主观上会一直坚持，但是很担心没有实现就结束了。

高端民宿的投入产出比太不理想，虽然我在坚持做，但是并不看好，"小而精"或许是做民宿的更好选择。情怀没有问题，但要看现实能够支撑我们玩多大的情怀，做之前考虑好这一点非常重要。

基本信息

店名：月隐·大研艺术酒店
房量：16间
价格：RMB 680～1480元
电话：19908889600
地址：古城区光义街忠义巷173号